高职高专"十二五"规划教材

财会专业系列

企业纳税实务

(第二版)

主　编　印永龙　吴　萍
副主编　王艳秋
主　审　吴玉林

南京大学出版社

图书在版编目(CIP)数据

企业纳税实务 / 印水龙,吴萍主编. — 2 版. —南京:南京大学出版社,2014.1
高职高专"十二五"规划教材. 财会专业系列
ISBN 978-7-305-10698-9

Ⅰ. ①企… Ⅱ. ①印… ②吴… Ⅲ. ①企业管理—税收管理—中国—高等职业教育—教材 Ⅳ. ①F812.423

中国版本图书馆 CIP 数据核字(2013)第 320972 号

出版发行	南京大学出版社
社　　址	南京市汉口路 22 号　　邮　编　210093
出 版 人	金鑫荣
丛 书 名	高职高专"十二五"规划教材·财会专业系列
书　　名	企业纳税实务(第二版)
主　　编	印永龙　吴萍
责任编辑	陈家霞　王抗战　　编辑热线　025-83592123
照　　排	南京南琳图文制作有限公司
印　　刷	宜兴市盛世文化印刷有限公司
开　　本	787×1092　1/16　印张 10.5　字数 219 千
版　　次	2014 年 1 月第 2 版　2014 年 1 月第 1 次印刷
ISBN	978-7-305-10698-9
定　　价	23.00 元

网址:http://www.njupco.com
官方微博:http://weibo.com/njupco
官方微信号:njupress
销售咨询热线:(025) 83594756

* 版权所有,侵权必究
* 凡购买南大版图书,如有印装质量问题,请与所购
  图书销售部门联系调换

前　言

科学技术日新月异，知识更新日趋频繁，培养专业技能型经济人才是实施人才战略的重要目标。高等职业教育正是一种顺应时代发展的需要，为生产、建设、服务第一线培养应用型人才的教育模式。

本教材定位于高职高专层次的学生，本着实用、适用、新颖的原则和系统、简练、可操作性强的编写风格，编写过程中以学生就业所需的专业知识和操作技能为重点，在讲解理论基础知识的基础上，更注重理论指导下的动手能力的培养。本教材的主要编写特色如下：

（1）结构新颖。本教材在编写过程中，横向上以税务工作领域中涉及的几大税种为基础，分为八个项目；纵向上以各税种的认知、计算、核算、申报为工作任务，使得整个知识体系更具系统性和合理性。

（2）知识规范。本教材注重对学生能力的培养及其专业综合素质的提高，追求知识的系统性、规范性，这样便于学生在税收知识的学习和仿真模拟中深刻理解相关知识点，使学生能够科学、规范地提高应用能力。

（3）内容前沿。本教材吸收了最新的税收法律、法规和规章制度，内容准确、规范，具有鲜明的时代特征，能够适应税收改革中不断变化的政策倾向和要求。

本教材共分为 8 个项目，由印永龙、吴萍担任主编，负责本书大纲的制定并组织写作，并对本书进行审稿和总纂；由王艳秋担任副主编；由吴玉林担任主审。全书中项目 1 由印永龙编写；项目 2、项目 4 由吴萍编写；项目 3、项目 6 由王艳秋编写；项目 5、项目 8 由张志花编写；项目 7 由印永龙、仲伟俊编写。

在本教材的编写和修改过程中，我们得到了各方的关心和支持，在此表示感谢！由于编者水平有限加之时间仓促，书中难免有不少疏漏乃至错误之处，在此敬请各位专家、读者批评指正，以便于我们进一步修改完善。

编　者
2014 年 1 月

目　录

项目1　纳税实务认知 ··· 1
　【学习目标】 ··· 1
　【引导案例】 ··· 1
　任务 1.1　认识税收与税法 ··· 1
　任务 1.2　明确税制要素 ·· 2
　任务 1.3　熟悉税种的分类 ··· 5
　任务 1.4　了解我国税务机构的设置及税收征管范围 ··················· 6
　【项目小结】 ··· 7
　【能力训练】 ··· 8

项目2　增值税纳税实务 ··· 10
　【学习目标】 ··· 10
　【引导案例】 ··· 10
　任务 2.1　认识增值税 ·· 10
　任务 2.2　增值税的计算 ··· 14
　任务 2.3　增值税的核算 ··· 20
　任务 2.4　增值税的申报 ··· 25
　【项目小结】 ··· 30
　【能力训练】 ··· 30

项目3　消费税纳税实务 ··· 33
　【学习目标】 ··· 33
　【引导案例】 ··· 33
　任务 3.1　认识消费税 ·· 34
　任务 3.2　消费税的计算 ··· 37
　任务 3.3　消费税的核算 ··· 44
　任务 3.4　消费税的申报 ··· 51
　【项目小结】 ··· 53
　【能力训练】 ··· 53

项目4　营业税纳税实务 ··· 56
　【学习目标】 ··· 56
　【引导案例】 ··· 56

任务4.1　认识营业税 …… 56
　　任务4.2　营业税的计算 …… 59
　　任务4.3　营业税的核算 …… 62
　　任务4.4　营业税的申报 …… 64
　【项目小结】 …… 67
　【能力训练】 …… 67

项目5　关税纳税实务 …… 69
　【学习目标】 …… 69
　【引导案例】 …… 69
　　任务5.1　认识关税 …… 69
　　任务5.2　关税的计算 …… 71
　　任务5.3　关税的核算 …… 74
　　任务5.4　关税的申报 …… 76
　【项目小结】 …… 77
　【能力训练】 …… 77

项目6　企业所得税纳税实务 …… 81
　【学习目标】 …… 81
　【引导案例】 …… 81
　　任务6.1　认识企业所得税 …… 81
　　任务6.2　企业所得税的计算 …… 84
　　任务6.3　企业所得税的核算 …… 89
　　任务6.4　企业所得税的申报 …… 91
　【项目小结】 …… 95
　【能力训练】 …… 95

项目7　个人所得税纳税实务 …… 98
　【学习目标】 …… 98
　【引导案例】 …… 98
　　任务7.1　认识个人所得税 …… 98
　　任务7.2　个人所得税的计算 …… 103
　　任务7.3　个人所得税的核算 …… 111
　　任务7.4　个人所得税的申报 …… 111
　【项目小结】 …… 113
　【能力训练】 …… 114

项目8　其他税种纳税实务 …… 116
　【学习目标】 …… 116
　【引导案例】 …… 116

任务 8.1　城市维护建设税及教育费附加纳税实务 …………………………… 116
任务 8.2　土地增值税纳税实务 …………………………………………………… 120
任务 8.3　资源税纳税实务 ………………………………………………………… 128
任务 8.4　城镇土地使用税纳税实务 ……………………………………………… 134
任务 8.5　房产税纳税实务 ………………………………………………………… 137
任务 8.6　车船税纳税实务 ………………………………………………………… 141
任务 8.7　契税纳税实务 …………………………………………………………… 144
任务 8.8　车辆购置税纳税实务 …………………………………………………… 147
任务 8.9　印花税纳税实务 ………………………………………………………… 149
【项目小结】………………………………………………………………………………… 156
【能力训练】………………………………………………………………………………… 156

参考书目 ………………………………………………………………………………… 159

项目 1　纳税实务认知

【学习目标】

知识目标：掌握税收及税法的含义；了解我国税种的分类。
能力目标：确认税收构成要素；了解我国税务机构的设置及税收征管权限的划分。

【引导案例】

无锡某制造有限公司是1994年经批准成立的中外合资企业，投资总额为120万美元，注册资本87万美元，主要生产销售叶轮涡轮及铸件，经营期限为15年。外商投资企业和外国企业所得税税率为24%，地方所得税税率为3%。2002年，该公司进入获利年度。2006年，税务管理分局将该企业作为专项检查对象。检查结果是，对该企业补征2005年度增值税218 497.22元，补征2004年度增值税18 678.21元；调增2005年度应纳税所得额1 698 527.38元，补征所得税203 583.28元；补征2004年度所得税13 184.62元。

企业纳税应以我国税收法律条例规定为基础，否则会造成漏税，甚至偷税、逃税；税务机关征税同样要以税法条例规定为基础。因此，学习税法相关知识对于财务人员来说非常重要。

任务 1.1　认识税收与税法

一、税收的含义

税收是指国家为了实现其职能，凭借政治权力，按照法律预先规定的标准，强制地、无偿地参与社会剩余产品分配而取得财政收入的一种规范形式。它是国家调节经济的一个重要手段。对于税收，人们的认识有所不同，但就其基本内涵而言，应包含以下几个方面的内容：

① 征税主体是国家，除了国家之外，任何机构和团体都无权征税。
② 国家征税依据的是其政治权力，这种政治权力凌驾于财产权利之上，没有国家的政治权力为依托，征税就无法实现。
③ 征税的基本目的是满足国家的财政需要，以实现其阶级统治和满足社会公共需要

的职能。

④ 税收分配的客体是社会剩余产品。税收属于分配范畴,改变了社会产品原有的分配结构,形成了一种新的社会产品占有、支配和使用结构。

⑤ 税收具有强制性、无偿性、固定性的特征。国家以社会管理者的身份,用法律、法规等形式对征收捐税加以规定,并依照法律强制征税。国家征税后,税款即成为财政收入,不再归还纳税人,也不支付任何报酬。在征税之前,以法的形式预先规定了课税对象、课税额度和课税方法等。

二、税收与税法的关系

税法是指有权的国家机关制定的有关调整税收分配过程中形成的权利义务关系的法律规范总和。税法是国家依法征税、纳税人依法纳税的行为准则,其目的是保障国家利益和纳税人的合法权益,维护正常的经济秩序和税收秩序,保证国家财政收入。税收和税法密不可分,税收是经济学概念,是税法所确定的具体内容;税法则是法学概念,是税收的法律表现形式,只有采取法的形式,才能保证税收的实现。

任务 1.2 明确税制要素

一、纳税义务人

纳税义务人简称纳税人,是指税法中规定的直接负有纳税义务的单位和个人,也称为纳税主体,是税制的基本要素。纳税人可以是法人,也可以是自然人。

在实际纳税过程中,与纳税人相关的概念还有负税人、代扣代缴义务人和纳税单位。

1. 负税人

纳税人是指直接向税务机关缴纳税款的单位和个人;负税人是指实际负担税款的单位和个人。如果纳税人能够通过一定途径把税款转嫁或转移出去,纳税人就不再是负税人。

2. 代扣代缴义务人

代扣代缴义务人是指按照税法规定负有扣缴税款义务的企业、单位或个人。对税法规定的扣缴义务人,税务机关应向其颁发代扣代缴证书,明确其代扣代缴义务。

3. 纳税单位

纳税单位是指申报缴纳税款的单位,是纳税人的有效集合。为了方便征管和缴纳税款,可以允许在法律上负有纳税义务的同类型纳税人作为一个纳税单位,填写一份申报表纳税。比如,个人所得税可以单个人为纳税单位,也可以一个家庭为纳税单位。

二、课税对象

课税对象又称征税对象,是指税法中规定的征税的目的物,即对什么东西征税。课税对象是征税的客体,是区别不同税种的主要标志,其内容十分广泛,包括货物、劳务、财产、所得、土地、行为等。课税对象是税收制度中的基本要素,划定了征税与否的基本界限,限定了税收调节的范围,其他要素的内容一般都是以课税对象为基础确定的。与课税对象有关的概念还有计税依据、税源和税目。

1. 计税依据

计税依据又称税基,是指税法中规定的据以计算各种应征税款的依据或标准。课税对象是从质的方面对征税所作的规定,而计税依据是从量的方面对征税所作的规定,是课税对象量的表现。正确计算计税依据,是税务机关贯彻执行税收政策、法令,保证国家财政收入的重要方面,也是纳税人正确履行纳税义务,合理负担税收的重要标志。

2. 税源

税源是指税款的最终来源,或者说是税收负担的最终归宿。

3. 税目

税目是指课税对象的具体化,反映具体的征税范围,代表征税的广度。并不是所有的税种都规定税目。税目一般可分为列举税目和概括税目。列举税目是将每一种商品或经营项目采用一一列举的方法,分别规定税目,如消费税中的"粮食白酒";概括税目是按照商品大类或行业采用概括的方法设计税目,如消费税中的"其他酒"。

三、税率

税率是指应纳税额与课税对象(计税依据)之间的比例,是计算应纳税额的尺度,代表课税的深度,也是衡量税收负担的主要标志。税率主要有以下几种基本形式:

1. 比例税率

比例税率是指对同一征税对象或同一税目,不论其数额大小,都规定按同一比例征税的税率。比例税率是我国目前使用最广泛的一种形式。

2. 累进税率

累进税率是指对同一课税对象,征收比例随其数量的增大而随之增高的税率,表现为将课税对象按数额大小分为若干等级,不同等级适用由低到高的不同税率。累进税率又分为全额累进税率、超额累进税率、超率累进税率和超倍累进税率。

3. 定额税率

定额税率又称固定税额,是指根据课税对象的一定计量单位规定固定税额计算应纳税额的税率。

四、减免税及加成征收

① 减免税是指对某些纳税人或课税对象的鼓励或照顾措施。减税是从应征税额中减征部分税款;免税是免征全部税款。减免税是在一定时期内给予纳税人的一种税收优

惠,同时也是税收的统一性和灵活性相结合的具体表现。减免税有税基式减免、税率式减免和税额式减免三种基本形式;按照其在法律中的地位,可分为法定减免、临时减免和特定减免三类。

② 加成征收是指对某些纳税人按应纳税额加征一定成数、成倍数的税款。加成征收是限制某些生产经营或调节纳税人取得过多利润而采取的加重征税的措施,实际上是税率的一种延伸。

五、纳税环节

纳税环节是指税法上规定的课税对象从生产到消费的流转过程中应当缴纳税款的环节。按照纳税环节的多少,可以将税收课征制度分为一次课征制和多次课征制。一次课征制是指同一税种在商品流转的全过程中只选择某一环节课征的制度;多次课征制是指同一税种在商品流转的全过程中选择两个或两个以上环节课征的制度。如所得税在分配环节征税,增值税对商品流通的各个环节征税。

六、纳税期限

纳税期限是指纳税人向国家缴纳税款的法定期限。它是税收强制性和固定性在时间上的体现,任何纳税人都必须如期纳税。我国现行税制的纳税期限有以下三种形式:

1. 按期纳税

按期纳税即根据纳税义务的发生时间,通过确定纳税间隔期,实行按期纳税。如《增值税法》规定,按期纳税的纳税间隔期分为1天、3天、5天、10天、15天和1个月或一个季度。纳税人的具体纳税间隔期限由主管税务机关根据情况分别核定。以1个月或一个季度为一期纳税的,自期满之日起15天内申报纳税;以其他间隔期为纳税期限的,自期满之日起5天内预缴税款,于次月1日起15天内申报纳税并结清上月税款。

2. 按次纳税

按次纳税即根据纳税行为的发生次数确定纳税期限。如车辆购置税、耕地占用税和个人所得税中的劳务报酬所得采取按次纳税的办法。

3. 按年计征、分期预缴

按年计征、分期预缴即按规定的期限预缴税款,年度结束后汇算清缴,多退少补。分期预缴一般是按月或按季预缴。如企业所得税采取按年计征、分期预缴的方式。

七、违章处理

违章处理是指对纳税人违反税收法规行为所采取的处罚措施。它是税收强制性特征在税制上的具体体现,是维护国家税法严肃性、完成税收任务、严肃财经纪律的保证。对于税务违章行为,根据相关法律规定,可以采取征收滞纳金、处以罚款或罚金、税收保全措施、追究刑事责任等措施加以处罚。

任务1.3　熟悉税种的分类

一、按征税对象分类

1. 流转税

流转税是指以商品或劳务的流转额为征税对象所征收的一种税。流转税是以商品或劳务交换为前提,其计税依据是纳税人销售商品或提供劳务所取得的销售收入或营业收入额,对生产、流通、分配各个环节都可以征税,是我国现行税制中最大的一类税。目前,我国的流转税有增值税、营业税、消费税和关税等。

2. 所得税

所得税是指以纳税人所得额为征税对象所征收的一种税。所得额是指自然人、法人和其他经济组织从事生产、经营等各项活动所获得的收入,减去相应成本、费用后的余额。目前,我国的所得税有企业所得税、个人所得税等。

3. 财产税

财产税是指以纳税人所拥有或支配的财产为征税对象所征收的一种税。目前,我国的财产税有房产税、城市房地产税、契税、车船税、土地增值税、屠宰税等。

4. 行为税

行为税是指以纳税人的某种特定经济行为为征税对象所征收的一种税。目前,我国的行为税有城市维护建设税、车辆购置税、耕地占用税、印花税等。

5. 资源税

资源税是指对因开发和利用自然资源差异而形成的级差收入发挥调节作用所征收的一种税。目前,我国的资源税有资源税、城镇土地使用税等。

二、按税收管理和使用权限分类

1. 中央税

中央税是指税种的课税权和税款的使用权归属于中央政府的税收。一般将税源集中、收入大、涉及面广,且由全国统一立法和统一管理的税种划为中央税。它主要包括关税、消费税、车辆购置税、海关代征增值税、中央企业所得税等。

2. 地方税

地方税是指税种的课税权和税款的使用权归属于地方政府的税收。一般将一些与地方经济联系紧密、税源比较分散的税种划为地方税。它主要包括城镇土地使用税、房产税、城市房地产税、车船税、耕地占用税、契税、土地增值税等。

3. 中央地方共享税

中央地方共享税是指由国家税务总局负责征收管理,收入由中央与地方按一定比例共同分享的税种。一般将既能兼顾中央和地方经济利益,又有利于调动地方组织收入积极性的税种划为中央地方共享税。它主要包括增值税、营业税、企业所得税、个人所得税、资源税、城市维护建设税、印花税等。

① 增值税(不含海关代征进出口环节的部分)。中央政府分享75%,地方政府分享25%。

② 营业税。铁道部、各银行总行、各保险总公司集中缴纳的部分归中央政府,其余部分归地方政府。

③ 企业所得税。铁道部、各银行总行及海洋石油企业缴纳的部分归中央政府,其余部分由中央政府与地方政府按比例分享。

④ 个人所得税。除储蓄利息所得的个人所得税外,其余部分由中央政府与地方政府按比例分享。

⑤ 资源税。海洋石油企业缴纳的部分归中央政府,其余部分归地方政府。

⑥ 城市维护建设税。铁道部、各银行总行、各保险总公司集中缴纳的部分归中央政府,其余归地方政府。

⑦ 印花税。证券交易印花税收入的94%归中央政府,其余6%和其他印花税收入归地方政府。

任务1.4 了解我国税务机构的设置及税收征管范围

一、我国税务机构的设置

我国现行税务机构设置是中央政府设立国家税务总局,省及省以下税务机构分为国家税务局和地方税务局两个系统。国家税务总局对国家税务局系统实行机构、编制、干部、经费的垂直管理,协同省级人民政府对省级地方税务局实行双重领导。

1. 国家税务局系统

国家税务局系统包括省、自治区、直辖市国家税务局,地区、地级市、自治州、盟国家税务局,县、县级市、旗国家税务局,征收分局、税务所。征收分局、税务所是县级国家税务局的派出机构。

2. 地方税务局系统

地方税务局系统包括省、自治区、直辖市地方税务局,地区、地级市、自治州、盟地方税务局,县、县级市、旗地方税务局,征收分局、税务所。省以下地方税务局实行上级税务机关和同级政府双重领导,以上级税务机关垂直领导为主的管理体制。

二、税收征管范围

目前,我国的税收分别由税务、海关、财政等系统负责征收管理。

1. 国家税务局系统负责征收和管理的项目

国家税务局系统负责征收和管理的项目包括增值税,消费税,车辆购置税,铁道部门、各银行总行、各保险总公司集中缴纳的营业税、所得税、城市维护建设税,中央企业缴纳的所得税,中央与地方所属企业、事业单位组成的联营企业、股份制企业缴纳的所得税,地方银行、非银行金融企业缴纳的所得税,海洋石油企业缴纳的所得税、资源税,证券交易税(开征之前为对证券交易征收的印花税),个人所得税中对银行储蓄存款利息所得征收的部分,中央税的滞纳金、补税、罚款。

2. 地方税务局系统负责征收和管理的项目

地方税务局系统负责征收和管理的项目包括营业税,城市维护建设税(不包括上述由国家税务局系统负责征收和管理的部分),地方国有企业、集体企业、私营企业缴纳的所得税,个人所得税(不包括对银行储蓄存款利息所得征收的部分),资源税,城镇土地使用税,耕地占用税,土地增值税,房产税,城市房地产税,车船税,印花税,契税,屠宰税,筵席税及其地方附加,地方税的滞纳金、补税、罚款。

3. 海关系统负责征收和管理的项目

海关系统负责征收和管理的项目包括关税、行李和邮递物品进口税,同时负责代征进出口环节的增值税和消费税。

4. 财政系统负责征收和管理的项目

在大部分地区,地方附加、契税、耕地占用税仍由地方财政部门征收和管理。

【项目小结】

本项目主要是让学生对税收知识有大概的了解。税收是指国家为了实现其职能,凭借政治权力,按照法律预先规定的标准,强制地、无偿地参与社会剩余产品分配而取得财政收入的一种规范形式。税法是指有权的国家机关制定的有关调整税收分配过程中形成的权利义务关系的法律规范总和。税制构成要素主要包括纳税人、课税对象、税率、减免税及加成征收、纳税环节、纳税期限、违章处理等。税种按征税对象可分为流转税、所得税、财产税、行为税、资源税;按照税收管理和使用权限可分为中央税、地方税、中央地方共享税。我国税务机构分为国家税务局系统和地方税务局系统,其征收管理权限亦不同。

【能力训练】

一、单项选择题

1. 税收"三性"的核心是（　　）。
   A. 固定性　　　　B. 无偿性　　　　C. 强制性　　　　D. 自愿性
2. 国家征税凭借的是（　　）。
   A. 财产权力　　　B. 行政权力　　　C. 所有权　　　　D. 政治权力
3. 下列各项中，不属于流转税的是（　　）。
   A. 车辆购置税　　B. 消费税　　　　C. 营业税　　　　D. 关税
4. 区别不同类型税种的重要标志是（　　）。
   A. 纳税人　　　　B. 征税对象　　　C. 纳税期限　　　D. 税率
5. 下列税法构成要素中，衡量纳税义务人税收负担轻重与否的重要标志是（　　）。
   A. 征税对象　　　B. 税率　　　　　C. 减税免税　　　D. 计税依据
6. 下列各项中，属于中央地方共享税的有（　　）。
   A. 海关代收的进口消费税　　　　　B. 车辆购置税
   C. 土地增值税　　　　　　　　　　D. 企业所得税

二、多项选择题

1. 下列各项中，属于流转税的有（　　）。
   A. 消费税　　　　B. 所得税　　　　C. 营业税　　　　D. 增值税
2. 下列各项中，属于税收特征的有（　　）。
   A. 有偿性　　　　B. 固定性　　　　C. 强制性　　　　D. 自愿性
3. 税收的作用主要体现在（　　）。
   A. 调控经济运行　B. 维护国家政权　C. 维护国家利益　D. 组织财政收入
4. 按照税收的管理使用权限标准分类，税收可分为（　　）。
   A. 国家税　　　　　　　　　　　　B. 中央税
   C. 地方税　　　　　　　　　　　　D. 中央地方共享税
5. 构成税法的三个最重要的基本要素包括（　　）。
   A. 纳税义务人　　B. 课税对象　　　C. 税目　　　　　D. 税率
6. 下列税种中，全部属于中央政府固定收入的有（　　）。
   A. 消费税　　　　B. 增值税　　　　C. 车辆购置税　　D. 资源税

三、判断题

1. 在税率相同的条件下，全额累进税率比超额累进税率的税负重。（　　）
2. 税率能体现国家征收的尺度或深度。（　　）
3. 定额税率的最大优点是计算简单，但税额会受商品价格变动的影响。（　　）

4. 所有税收征税对象数额超过起征点的,应就其超过的部分按适用税率计算征税。
（　　）

5. 个人所得税、印花税等均由地方税务机关负责征收,其收入全部归地方政府所有。
（　　）

6. 纳税人同时也是负税人。（　　）

项目 2　增值税纳税实务

【学习目标】

知识目标：了解增值税的概念、特点；掌握增值税的基本税制构成要素。

能力目标：熟练计算增值税的进项税额、销项税额和应纳税额；掌握增值税的会计核算；能够正确填制《增值税纳税申报表》。

【引导案例】

某电器销售公司被认定为增值税一般纳税人。该公司1995年1月至10月份"应交税费——应交增值税"一直为借方余额，税务机关决定对其实施检查。经了解，该公司隶属于该市电视台，1994年6月以来由李某承包经营，每年租金10万元，一切税费由李某自理。经检查发现，该公司发生了以下业务：① 1995年1月至10月，该公司从某电器公司购入彩电。合同规定，每购入1 000台可得10台29英寸彩电。该公司共计收到提成彩电50台，成本价合计为21.054万元，收到时未入账，销售后取得的收入26.2万元已进入李某个人腰包。② 1995年1月至10月，该公司从某公司购冰箱、空调等家电，并收到以"三包"费名义返还的现金12.03万元，也未入账。税务机关认定李某隐匿销售收入，已构成偷税，依法要求其补缴税款并予以处罚。

1994年，税制改革确立了增值税在我国税收体系中的主导地位。2012年，国内增值税(不包括进口增值税)收入达到26 415.51亿元，占税收收入总额100 614.28亿元的26%，远远大于其他税种。

任务 2.1　认识增值税

增值税是对在中华人民共和国境内销售货物或者提供加工、修理修配劳务，以及进口货物的单位和个人，就其取得的货物或应税劳务的销售额，以及进口货物的金额计算税款，并进行税款抵扣的一种流转税。从计税原理而言，增值税是对商品生产和流通中各环节的新增价值或商品附加值进行征税，故称之为增值税。增值税具有以下特点：一是不重复征税，税收中性；二是逐环节征税，逐环节扣税，最终消费者是全部税款的承担者；三是税基广阔，具有征收的普遍性和连续性。

一、增值税的类型

按照对外购固定资产处理方式的不同,增值税可分为生产型增值税、收入型增值税和消费型增值税。

① 生产型增值税是指在计算增值税时,不允许扣除任何外购固定资产的价款,作为课税基数的法定增值额除包括纳税人新创造的价值外,还包括当期计入成本的外购固定资产价款部分,即法定增值额相当于当期工资、利息、租金、利润等理论增值额和折旧额之和。从整个国民经济来看,这一课税基数大体相当于国民生产总值的统计口径,故称之为生产型增值税。此种类型的增值税对固定资产存在重复征税,而且越是资本有机构成高的行业,重复征税就越严重。

② 收入型增值税是指在计算增值税时,对外购固定资产只允许扣除当期计入产品价值的折旧费部分,作为课税基数的法定增值额相当于当期工资、利息、租金和利润等各增值项目之和。从整个国民经济来看,这一课税基数相当于国民收入部分,故称之为收入型增值税。此种类型的增值税给凭票扣税的计算方法带来困难,从而影响其被广泛采用。

③ 消费型增值税是指在计算增值税时,允许将当期购入的固定资产价款一次全部扣除,作为课税基数的法定增值额相当于纳税人当期的全部销售额扣除外购的全部生产资料价款后的余额。从整个国民经济来看,这一课税基数仅限于消费资料价值的部分,故称之为消费型增值税。自 2009 年 1 月 1 日起,我国开始实行消费型增值税。

二、增值税基本制度

1. 纳税义务人

《增值税暂行条例》规定,在中华人民共和国境内销售货物或者提供加工、修理修配劳务(以下简称应税劳务)以及进口货物的单位和个人,为增值税的纳税义务人。2013 年 8 月 1 日,"营改增"在全国范围内开展试点,试点规定,在中华人民共和国境内提供交通运输和部分现代服务业服务的单位和个人,为增值税的纳税义务人。

为配合增值税专用发票的管理,按照年应税销售额的大小和财务会计核算是否健全,将增值税的纳税人划分为小规模纳税人和一般纳税人。

(1) 小规模纳税人

从事货物生产或提供应税劳务的纳税人,以及以从事货物生产或提供应税劳务为主,兼营货物批发或零售的纳税人,年应税销售额在 50 万元(含)以下的;从事货物批发或零售的纳税人,年应税销售额在 80 万元(含)以下的;提供交通运输业和部分现代服务业服务(以下简称应税服务)的单位和个人,年应税服务销售额在 500 万元(含)以下的。

此外,年应税销售额超过小规模纳税人标准的其他个人,按小规模纳税人纳税;非企业性单位,不经常发生应税行为的企业,可选择按小规模纳税人纳税。

小规模纳税人销售货物或应税劳务,实行简易的方法计算应纳增值税税额,即按照销售额和征收率直接计算,不得抵扣进项税额,一般不使用增值税专用发票。

(2) 一般纳税人

年应税销售额超过小规模纳税人标准的企业和企业性单位,除另有规定外,应当向主管税务机关申请一般纳税人资格认定。一般纳税人可按《增值税暂行条例》的规定计算应纳税额,并按规定使用增值税专用发票。

2. 征税范围

(1) 征税范围的一般规定

① 销售或者进口货物。货物是指有形动产,包括电力、热力、气体在内。

② 提供的加工和修理修配劳务。加工是指受托加工货物,即委托方提供原料及主要材料,受托方按照委托方的要求制造货物并收取加工费的业务;修理修配是指受托对损伤和丧失功能的货物进行修复,使其恢复原状和功能的业务。

③ 提供应税服务。应税服务的具体范围包括:交通运输业,包括陆路运输服务(暂不包括铁路运输)、水路运输服务、航空运输服务、管道运输服务;部分现代服务业,包括研发和技术服务、信息技术服务、文化创意服务、物流辅助服务、有形动产租赁服务、鉴证咨询服务、广播影视服务。

(2) 属于征税范围的特殊项目

① 货物期货(包括商品期货和贵金属期货),应当征收增值税,在期货的实物交割环节纳税;

② 银行销售金银的业务,应当征收增值税;

③ 典当业的死当物品销售业务和寄售业代委托人销售寄售物品的业务,均应征收增值税;

④ 集邮商品(如邮票、首日封、邮折等)的生产以及邮政部门以外的其他单位和个人销售的,均征收增值税。

(3) 属于征税范围的特殊行为

① 视同销售货物行为。单位或个体经营者的下列行为,视同销售货物:将货物交付他人代销;销售代销货物;设有两个以上机构并实行统一核算的纳税人,将货物从一个机构移送到其他机构用于销售,但相关机构设在同一县(市)的除外;将自产或委托加工的货物用于非应税项目;将自产或委托加工的货物用于集体福利或个人消费;将自产、委托加工或购买的货物作为投资,提供给其他单位或个人经营者;将自产、委托加工或购买的货物分配给股东或投资者;将自产、委托加工或购买的货物无偿赠送给他人。

② 混合销售行为。从事货物的生产、批发或零售的企业、企业性单位及个体经营者的混合销售行为,视为销售货物,应当征收增值税。

③ 兼营非应税劳务行为。增值税纳税人兼营非应税劳务,应当分别核算货物或应税劳务的销售额,不分别核算或者不能准确核算的,由主管税务机关核定货物或应税劳务的销售额。

3. 税率及征收率

"营改增"后,我国增值税一般纳税人所适用的税率有以下几档:

(1) 17%

一般纳税人销售货物或者进口货物,提供加工、修理修配劳务,以及有形动产租赁服务,适用基本税率17%。

(2) 13%

一般纳税人销售或者进口下列货物,按低税率13%计征增值税:农业产品、食用植物油;自来水、暖气、冷气、热水、煤气、石油液化气、天然气、沼气、居民用煤炭制品;图书、报纸、杂志;饲料、化肥、农药、农机、农膜;食用盐;音像制品;电子出版物;二甲醚。

(3) 11%

一般纳税人提供交通运输服务,适用税率11%。

(4) 6%

一般纳税人提供部分现代服务业服务(有形动产租赁服务除外),适用税率6%。

(5) 0

除国务院另有规定外,一般纳税人出口货物,税率为0。国际运输服务、向境外单位提供的研发服务和设计服务、港澳台运输服务适用零税率。

自2009年1月1日起,小规模纳税人的增值税征收率为3%。

4. 税收优惠政策

(1) 免税项目

增值税的法定免税项目有:农业生产者销售的自产农业产品;避孕药品和用具;古旧图书;直接用于科学研究、科学试验和教学的进口仪器、设备;外国政府、国际组织无偿援助的进口物资和设备;由残疾人组织直接进口供残疾人专用的物品;销售的自己使用过的物品。

(2) 起征点

自2011年11月1日起,增值税的起征点幅度规定如下:

① 销售货物的起征点为月销售额5 000~20 000元;

② 销售应税劳务的起征点为月销售额5 000~20 000元;

③ 按次纳税的起征点为每次(日)销售额300~500元;

④ 自2013年8月1日起,对增值税小规模纳税人中月销售额不超过2万元的企业或非企业性单位,暂免征收增值税。

(3) 出口退税

纳税人出口适用零税率的货物,向海关办理出口手续后,凭出口报关单等有关凭证,按月向税务机关申报办理该项出口货物的退税。出口货物办理退税后发生退货和退关的,纳税人应当依法补缴已退的税款。

任务 2.2 增值税的计算

一、一般纳税人应纳税额的计算

增值税一般纳税人的应纳税额等于当期销项税额减进项税额。增值税一般纳税人当期应纳税额的多少,取决于当期销项税额和当期进项税额这两个因素。在分别确定销项税额和进项税额的情况下,就不难计算出应纳税额。其计算公式如下:

$$应纳税额＝销项税额－进项税额$$

1. 销项税额的计算

销项税额是指纳税人销售货物或者提供应税劳务,按照销售额或应税劳务收入和规定的税率计算并向购买方收取的增值税税额。销项税额的计算公式如下:

$$销项税额＝销售额×适用税率$$

增值税是价外税,所以公式中的销售额是不含所收取的销项税额的销售额。

(1) 一般销售方式下的销售额

销售额是纳税人销售货物或提供应税劳务向购买方(承受应税劳务方)收取的全部价款和价外费用。价外费用是指在价外向购买方收取的手续费、补贴、基金、集资费、返还利润、奖励费、违约金(延期付款利息)、包装费、包装物租金、储备费、优质费、运输装卸费、代收款项、代垫款项,以及其他各种性质的价外收费。但下列项目不包括在内:

① 向购买方收取的销项税额。

② 受托加工应征消费税的消费品所代收代缴的消费税。

③ 同时符合以下条件的代垫运费:承运者的运费发票开具给购货方的;纳税人将该项发票转交给购货方的。

④ 符合条件的代为收取的政府性基金或行政事业性收费。

⑤ 销售货物的同时代办保险等而向购买方收取的保险费,以及向购买方收取的代购买方缴纳的车辆购置税、车辆牌照费。

凡随同销售货物或提供应税劳务向购买方收取的价外费用,无论其按照会计制度如何核算,均应并入销售额计算应纳税额,且价外费用一律视为含税收入。

(2) 特殊销售方式下的销售额

在销售活动中,为了达到促销的目的,企业可以采取多种销售方式。采取不同销售方式取得的销售额会有所不同,税法对此分别作了以下规定:

① 采取折扣方式销售。折扣销售(商业折扣)是指销售方在销售货物或提供应税劳务时,因购买需求量大等原因,而给予的价格优惠。如果销售额和折扣额在同一张发票上分别注明的,可按折扣后的销售额征收增值税;未在同一张发票上注明折扣额的,折扣额不得从销售额中减除。

销售折扣(现金折扣)通常是为了鼓励购货方及早偿还货款而给予的折扣优待,这种折扣是发生在销售之后的一种融资性理财行为,折扣额一律不得从销售额中减除。

销售折让是指货物销售后由于其品种、质量等原因,由销售方给予购买方的一种价格折让。销售折让可以以折让后的货款为销售额。

② 采取以旧换新方式销售。以旧换新是指纳税人在销售自己的货物时有偿收回旧货物的行为。采取以旧换新方式销售货物的,应按新货物的同期销售价格确定销售额,不得扣减旧货物的收购价格。考虑到金银首饰以旧换新业务的特殊性,对金银首饰以旧换新业务,可以按销售方实际收取的不含增值税的全部价款征收增值税。

③ 采取还本销售方式销售。还本销售实际上是一种融资方式,是指以货物换取资金的使用价值,到期还本不付息的方式。采取还本销售方式销售货物,其销售额就是货物的销售价格,不得从销售额中减除还本支出。

④ 采取以物易物方式销售。以物易物是一种比较特殊的购销活动,其购、销双方不是以货币结算,而是以同等价款的货物相互结算,从而实现货物购销的一种方式。采取以物易物方式销售,购、销双方都应做购销处理,以各自发出的货物核算销售额并计算销项税额,以各自收到的货物按规定核算购货额并计算进项税额。应注意的是,在以物易物活动中,应分别开具合法的票据,如收到的货物不能取得相应的增值税专用发票或其他合法凭证,不能抵扣进项税额。

⑤ 包装物押金是否计入销售额。纳税人为销售货物而出租出借包装物,收取的押金单独记账核算,时间在 1 年以内且未过期的不并入销售额征收增值税;逾期未收回包装物而没收的押金应按所包装货物的适用税率计算销项税额。此处,没收的包装物押金为含税销售额,应换算为不含税价,再并入销售额征税。另外,国家税务局规定,从 1995 年 6 月 1 日起,对销售除啤酒、黄酒外的酒类产品所收取的包装物押金,无论是否返还以及会计上如何核算,均应并入当期销售额征税。

(3) 视同销售的销售额

对视同销售行为而无销售额的应按下列顺序确定其销售额:

① 按纳税人最近时期同类货物的平均销售价格确定。

② 按其他纳税人最近时期同类货物的平均销售价格确定。

③ 按组成计税价格确定。组成计税价格的公式如下:

$$组成计税价格=成本\times(1+成本利润率)$$

或:

$$组成计税价格=成本+成本\times成本利润率$$

(4) 含税销售额换算为不含税销售额

实际工作中,一般纳税人常常将销售货物或者应税劳务采用销售额和销项税额合并定价收取,这样就形成了含税销售额。如果不将含税销售额换算成不含税销售额,就会导致重复纳税。因此,一般纳税人在销售货物或者提供应税劳务取得含税销售额时,必须将其换算为不含税销售额计算增值税。

$$不含税销售额=含税销售额\div(1+适用税率)$$

2. 进项税额的计算

进项税额是指纳税人购进货物或接受劳务所支付或负担的增值税税额。购货方的进项税额就是销货方的销项税额，其计算与销项税额相同。我们需要掌握的有以下几点：

(1) 准予从销项税额中抵扣的进项税额

① 一般纳税人从销售方取得的专用发票上注明的增值税税额。

② 一般纳税人从海关取得的完税凭证上注明的增值税税额。

③ 一般纳税人向农业生产者购买的免税农产品，或者向小规模纳税人购进的农业产品，从2002年1月1日起准予按照买价和13%的扣除率计算进项税额，从当期销项税额中扣除。其计算公式如下：

$$准予抵扣的进项税额 = 买价 \times 扣除率$$

④ 一般纳税人外购货物和销售货物所支付的铁路运输费用，根据运费结算单据所列运费金额，按照7%的扣除率计算进项税额准予扣除，但随同运费支付的装卸费、保险费等其他杂费不得计算扣除进项税额。

本项规定需要注意以下几点：

第一，运费抵扣的基数。铁路运输单位开具的运费结算单据上注明的运费、建设基金，不包括装卸、保险等杂费。货运发票应分别注明运费和杂费，对未分别注明而合并注明为运杂费的不予抵扣。

第二，抵扣凭证。铁路运输企业开具的普通发票(即货票)、管道运输的普通发票，不包括定额发票、国际货物运输代理业发票和国际货物运输发票。

第三，抵扣范围。对于外购货物、销售货物所支付的运费，纳税人购销免税(购进免税农业产品除外)货物支付的运费，不得按7%计算抵扣进项税额；购进销售货物所支付的运输费用明显偏高，经过审查不合理的，不予抵扣运输费用。

(2) 不得抵扣的进项税额

下列进项税额不得抵扣：

① 用于非增值税应税项目、免征增值税项目、集体福利或者个人消费的购进货物或者应税劳务；

② 非正常损失的购进货物及相关的应税劳务；

③ 非正常损失的在产品、产成品所耗用的购进货物或者应税劳务；

④ ①至③项规定的货物的运输费用和销售免税货物的运输费用。

3. 应纳税额的计算

应纳税额的计算公式如下：

$$应纳税额 = 当期销项税额 - 当期进项税额$$

在实际计算过程中，应该遵循以下规定：

(1) 计算应纳税额时间的规定

① 销项税额的确认时间。采用直接收款方式销售货物的，不论货物是否发出，均为

收到货款或取得索取货款的凭据并将提货单交给买方的当天;采取托收承付和委托银行收款方式销售货物的,为发出货物并办妥托收手续的当天;视同销售的,为货物移送的当天;进口货物的,为进口报关的当天。

② 进项税额的抵扣时间。一般纳税人取得 2010 年 1 月 1 日以后开具的增值税专用发票,应在开具之日起 180 天内到税务机关认证,并在认证通过的次月申报期内,向主管税务机关申报抵扣进项税额。自 2013 年 7 月 1 日起,增值税一般纳税人进口货物取得的属于增值税扣税范围的海关缴款书,须经税务机关稽核比对相符后,其增值税税额方能作为进项税额在销项税额中抵扣。

(2) 计算期增值税进项税额大于销项税额的处理

由于增值税实行购进扣税法,有时企业当期购进的货物很多,在计算应纳税额时会出现当期销项税额小于当期进项税额的情况,当期进项税额不足抵扣的部分可以结转至下期继续抵扣。

(3) 购进货物改变用途的规定

当期购进货物或应税劳务,如果已经从当期的销项税额中抵扣了进项税额,又改变用途的(即用于非应税项目、免税项目、集体福利或者个人消费以及发生非正常损失),应将该项购进货物或应税劳务的进项税额从当期发生的进项税额中扣减。

【例 2-1】 甲食品有限公司(以下简称甲公司,增值税一般纳税人)2014 年 3 月发生下列经营业务:

① 从某农业生产者处收购花生,开具的收购凭证上注明收购价格为 50 000 元,货物验收入库。

② 销售副食品给某商场,开具的增值税专用发票上注明的价款为 65 000 元,并以本公司自备车辆送货上门,另开具普通发票收取运费共 585 元。

③ 销售熟食制品给某连锁超市,不含税价款 25 000 元,委托某货运公司运送货物,代垫运费 500 元,取得该货运公司开具的货运发票并将其转交给该超市。

④ 销售食品给乙公司,开具的增值税专用发票上注明的价款为 400 000 元。

⑤ 从某设备制造公司购进检测设备一台,取得的增值税专用发票上注明的价款为 300 000 元。

⑥ 购进自用货运卡车一辆,支付不含税价 180 000 元,取得机动车销售统一发票。

⑦ 上月购进的免税农产品(已抵扣进项税),因保管不善发生霉烂变质,账面成本价为 3 000 元。

相关发票当月均已通过主管税务机关认证并在本月抵扣。请分别计算该公司相应的进项税额和销项税额。

解:① 进项税额 $= 50\,000 \times 13\% = 6\,500$(元)

② 销项税额 $= 65\,000 \times 17\% + 585 \div (1+17\%) \times 17\% = 11\,135$(元)

③ 销项税额 $= 25\,000 \times 17\% = 4250$(元)

④ 销项数额 $= 400\,000 \times 17\% = 68\,000$(元)

⑤ 进项税额＝300 000×17％＝51 000(元)
⑥ 进项税额＝180 000×17％＝30 600(元)
⑦ 进项税额转出＝3 000÷(1－13％)×13％＝440.86(元)
⑧ 应纳税额＝(11 135＋4 250＋68 000)－(6 500＋51 000＋30 600－440.86)＝4 274.14(元)

二、小规模纳税人应纳税额的计算

小规模纳税人销售货物或者应税劳务不实行抵扣制度,而是采用简易计税办法,按照销售额的3％计算应纳税额,不得抵扣进项税额。其计算公式如下:

$$应纳税额＝销售额×征收率$$

【例2-2】 某小规模纳税人,以1 000元的含税价销售货物。请计算其应纳税额。

解: 应纳税额＝1 000÷(1＋3％)×3％＝29.13(元)

三、进口货物应纳税额的计算

纳税人进口货物应按照组成计税价格和《增值税暂行条例》规定的税率计算应纳税额,不得抵扣任何税额。组成计税价格和应纳税额的计算公式如下:

$$组成计税价格＝关税完税价格＋关税＋消费税$$

$$应纳税额＝组成计税价格×税率$$

需要注意的是,进口货物增值税的组成计税价格中包括已纳关税税额,如果进口货物属于消费税应税消费品,其组成计税价格中还要包括已纳消费税税额。

【例2-3】 某外贸公司为增值税一般纳税人,本月经有关部门批准从国外进口货物一批,货物到岸价800万元,适用20％进口关税税率和17％增值税税率,已向海关缴纳相关税费,并取得关税完税证明。请计算其应纳增值税税额。

解: 组成计税价格＝8 000 000×(1＋20％)＝9 600 000(元)

进口环节应缴纳增值税的税额＝9 600 000×17％＝1 632 000(元)

四、出口货物退(免)税

出口货物退(免)税是指对报关出口的货物退还其在国内各生产环节和流转环节已缴纳的增值税和消费税,或免征应缴纳的增值税和消费税。其目的在于鼓励各国出口货物公平竞争,因而在国际贸易中为世界各国所普遍接受。

在我国,享受出口退(免)税的企业主要有:经有关部门批准的有进出口经营权的外贸企业;经有关部门批准的有进出口经营权的自营生产企业;外商投资企业委托外贸企业代理出口的生产企业;特定退(免)税企业。

一般来说,享受出口退(免)税的货物必须具备以下四个条件:属于增值税、消费税征税范围;已报关离境;已在财务上做销售处理;出口收汇并已核销。

1. 外贸企业出口货物退税的计算

有进出口经营权的外贸企业收购货物直接出口,应依据购进出口货物所取得的增值税专用发票上列明的进项金额和该货物适用的退税率计算退税。其计算公式如下:

$$应退税额 = 购进货物的进项税额 \times 退税率$$

2. 生产企业出口货物退税的计算

生产企业出口自产货物,增值税适用"免、抵、退"管理办法。"免"是指免征企业销售环节的增值税;"抵"是指企业出口的自产货物所耗用原材料、零部件等发生的进项税额准予抵扣内销货物的应纳税款;"退"是指生产企业出口的自产货物在当期内因抵扣的进项税额大于应纳税额而未抵扣完的税款,经主管税务机关批准予以退税。

免抵退税额的相关计算公式如下:

(1) 剔税

$$免抵退税不得免征和抵扣税额 = 出口货物离岸价 \times 外汇人民币牌价 \times$$
$$(出口货物征税率 - 出口货物退税率) - 当期免税购进原材料价格 \times$$
$$(出口货物征税率 - 出口货物退税率)$$

(2) 抵税

$$当期应纳税额 = 当期内销货物的销项税额 - (当期进项税额 - 当期免抵退税$$
$$不得免征和抵扣税额) - 上期未抵扣完的进项税额$$

当期应纳税额<0,为期末未抵扣税款;当期应纳税额≥0,为本期应上缴的增值税税款。

(3) 尺度

$$免抵退税额 = 出口货物离岸价 \times 外汇人民币牌价 \times 出口货物退税率 -$$
$$当期免税购进原材料价格 \times 出口货物退税率$$

(4) 确定应退税额

当期期末未抵扣税款和当期免抵退税额两者中较小者,即为当期退税额。

【例2-4】 某自营出口的生产企业为增值税一般纳税人,出口货物的征税率为17%,退税率为13%。本月的有关经营业务为:购入原材料一批,取得的增值税专用发票上注明的价款为300万元,进项税额为51万元,货已验收入库。上月留抵税额为6万元;本月内销货物不含税销售额为150万元,收款175.5万元。本月出口货物的离岸价为35万美元,市场汇率为1美元=8元人民币。请计算该企业本月免抵退税额。

解: 免抵退税不得免征和抵扣税额=35×8×(17%−13%)=11.2(万元)

当期应纳税额=25.5−(51−11.2)−6=−20.3(万元)(即当期期末留抵税额为20.3万元)

免抵退税额=35×8×13%=36.4(万元)

当期期末留抵税额≤当期免抵退税额,则:

当期应退税额=20.3(万元)

当期免抵税额=36.4−20.3=16.1(万元)

任务 2.3　增值税的核算

一、一般纳税人增值税的核算

1. 会计科目的设置

企业按照税法等规定计算应缴纳的各种税费,如增值税、消费税、营业税、所得税、资源税、土地增值税、城市维护建设税、房产税、土地使用税、车船使用税、教育费附加、矿产资源补偿费等,均应通过"应交税费"科目进行核算。

为了正确反映和核算增值税有关纳税事项,应在"应交税费"科目下设置"应交增值税"明细科目。此外,"应交增值税"科目下还应分别设立"进项税额"、"销项税额"、"出口退税"、"进项税额转出"、"已交税金"等专栏。

其中,在借方反映的明细科目有:

① "进项税额"科目。该科目用来核算企业购入货物或接受劳务而支付的、准予从销项税额中抵扣的增值税税额。对于企业购入货物或接受应税劳务而支付的进项税额,用蓝字登记;退回所购货物应冲销的进项税额,用红字登记。

② "已交税金"科目。该科目用来核算企业当月上缴的增值税税额。

在贷方反映的明细科目有:

① "销项税额"科目。该科目用来核算企业销售货物或提供应税劳务应收取的增值税税额。企业销售货物或提供应税劳务应收取的销项税额,用蓝字登记;退回销售货物应冲销的销项税额,用红字登记。

② "出口退税"科目。该科目用来核算企业出口适用零税率的货物,向海关办理报关出口手续时,凭出口报关单等有关凭证向税务机关申报办理出口退税而收到退回的税款。

③ "进项税额转出"科目。该科目用来核算企业的购进货物、在产品、产成品等发生非正常损失以及其他原因而不应从销项税额中抵扣,按规定转出的进项税额。

2. 会计处理方法

(1) 进项税额的会计处理

① 企业在国内采购的货物,按照增值税专用发票上注明的增值税税额,借记"应交税费——应交增值税(进项税额)"科目;按照增值税专用发票上注明的价款,借记"材料采购"、"生产成本"、"制造费用"、"管理费用"、"销售费用"、"其他业务成本"等科目;按照增值税专用发票上注明的合计金额,贷记"应付账款"、"应付票据"、"银行存款"等科目。企业外购货物未取得增值税专用发票的,不得确认进项税额(不包括免税农产品),应按照应付或实际支付的金额,借记"材料采购"等科目;贷记"银行存款"、"应付账款"等科目。

【例 2-5】 某工厂购入甲材料 4 000 千克,不含税单价为 6 元/千克,已开出银行承兑汇票,材料已验收入库,并取得增值税专用发票。请做出该工厂相应的会计处理。

解：借：原材料　　　　　　　　　　　　　　　　　　　　　　24 000
　　　　应交税费——应交增值税（进项税额）　　　　　　　4 080
　　　　贷：应付票据　　　　　　　　　　　　　　　　　　　　　28 080

② 企业接受投资转入的货物，按照增值税专用发票上注明的增值税税额，借记"应交税费——应交增值税（进项税额）"科目；按投资各方确认的价值（不含增值税），借记"原材料"、"库存商品"、"周转材料"等科目；按其在注册资本中所占的份额，贷记"实收资本"或"股本"科目；按其差额，贷记"资本公积"科目。

【例2-6】某联营企业接受参加联营的甲企业用原材料做投资，开来一份增值税专用发票，直接将货物送到仓库验收入库。增值税专用发票上注明货价200 000元，税额34 000元。双方确认的实收资本为180 000元。请做出该企业相应的会计处理。

解：借：原材料　　　　　　　　　　　　　　　　　　　　　 200 000
　　　　应交税费——应交增值税（进项税额）　　　　　　　34 000
　　　　贷：实收资本　　　　　　　　　　　　　　　　　　　　　180 000
　　　　　　资本公积　　　　　　　　　　　　　　　　　　　　　 54 000

③ 企业接受捐赠转入的货物，按照增值税专用发票上注明的增值税税额，借记"应交税费——应交增值税（进项税额）"科目；按照确认的捐赠货物的价值和增值税税额，贷记"营业外收入"科目。

【例2-7】某企业接受捐赠原材料，取得的增值税专用发票上注明：货价10 000元，税额1700元。材料已验收入库。请做出该企业相应的会计处理。

解：借：原材料　　　　　　　　　　　　　　　　　　　　　　10 000
　　　　应交税费——应交增值税（进项税额）　　　　　　　1 700
　　　　贷：营业外收入　　　　　　　　　　　　　　　　　　　　11 700

④ 委托加工材料，提供应税劳务的单位如为一般纳税人，应使用增值税专用发票，分别注明加工、修理修配的成本和税额，接受劳务者可据以编制会计分录：按发出材料的实际成本与支付的加工费、运杂费之和，借记"委托加工物资"等科目；按应税劳务缴纳的增值税税额，借记"应交税费——应交增值税（进项税额）"科目；按所发出材料的实际成本，贷记"原材料"科目。

【例2-8】三山厂委托四方公司加工包装用木箱，发出材料16 000元，支付加工费4 000元和增值税680元。请做出该厂相应的会计处理。

① 发出材料时：
借：委托加工物资　　　　　　　　　　　　　　　　　　　　16 000
　　贷：原材料　　　　　　　　　　　　　　　　　　　　　　　　16 000

② 支付加工费和增值税时：
借：委托加工物资　　　　　　　　　　　　　　　　　　　　4 000
　　应交税费——应交增值税（进项税额）　　　　　　　　 680
　　贷：银行存款　　　　　　　　　　　　　　　　　　　　　　 4 680

③ 结转加工材料成本时：
借：周转材料　　　　　　　　　　　　　　20 000
　　贷：委托加工物资　　　　　　　　　　　　　　20 000

⑤ 企业进口货物，按照海关提供的完税凭证上注明的增值税，借记"应交税费——应交增值税（进项税额）"科目；按进口货物应计入采购成本的金额（包括买价、进口关税、消费税、运杂费等），借记"原材料"、"材料采购"等科目；按照应付或实际支付的金额，贷记"应付账款"、"应付票据"、"银行存款"等科目。

【例 2-9】 某公司从国外进口一批原料（已验收入库），海关审定的关税完税价格为 2 000 000 元，应纳关税 300 000 元，消费税 100 000 元。请做出该公司相应的会计处理。

解：借：原材料　　　　　　　　　　　　　　2 400 000
　　　　应交税费——应交增值税（进项税额）　408 000
　　　　贷：银行存款　　　　　　　　　　　　　　2 808 000

⑥ 企业购入免税农产品，按买价的 13% 计算准予抵扣的进项税额，借记"应交税费——应交增值税（进项税额）"科目；按买价扣除进项税额后的数额，借记"材料采购"科目；按应付或实际支付的金额，贷记"应付账款"、"银行存款"等科目。

【例 2-10】 某经营农产品收购的企业，收购了一批免税农产品，收购凭证上注明的买价为 60 000 元。请做出该企业相应的会计处理。

解：借：材料采购　　　　　　　　　　　　　　52 200
　　　　应交税费——应交增值税（进项税额）　7 800
　　　　贷：银行存款　　　　　　　　　　　　　　60 000

(2) 销项税额的会计处理

① 企业销售货物或提供应税劳务（包括将自产、委托加工或购买的货物分配给股东或投资者），按实现的销售收入和按规定收取的增值税的合计数，借记"应收账款"、"应收票据"、"银行存款"等科目；按开具的增值税专用发票上注明的税额，贷记"应交税费——应交增值税（销项税额）"科目；按实现的销售收入，贷记"主营业务收入"科目。

【例 2-11】 某企业销售商品 300 件，单价 200 元，适用税率 17%，商品款项已收存银行，开具增值税专用发票。请做出该企业相应的会计处理。

解：借：银行存款　　　　　　　　　　　　　　70 200
　　　　贷：主营业务收入　　　　　　　　　　　　　　60 000
　　　　　　应交税费——应交增值税（销项税额）　10 200

② 企业将自产或委托加工的货物用于非应税项目，作为投资、集体福利、赠送他人等，应视同销售货物计算缴纳增值税，借记"在建工程"、"长期股权投资"、"应付职工薪酬"、"营业外支出"等科目；按照自产或委托加工货物的成本，贷记"主营业务收入"、"其他业务收入"等科目；按照依税法计算的应纳税额，贷记"应交税费——应交增值税（销项税额）"科目。结转成本时，借记"主营业务成本"、"其他业务成本"等科目；贷记"库存商品"等科目。

【例2-12】 某公司将所产产品无偿赠送他人,生产成本9 000元,售价11 000元。请做出该公司相应的会计处理。

解:借:营业外支出　　　　　　　　　　　　　　　　　12 870
　　　贷:主营业务收入　　　　　　　　　　　　　　　　　　11 000
　　　　　应交税费——应交增值税(销项税额)　　　　　　　1 870
　　借:主营业务成本　　　　　　　　　　　　　　　　　9 000
　　　贷:库存商品　　　　　　　　　　　　　　　　　　　　9 000

【例2-13】 甲公司将自产的产品用于职工个人消费,该批产品的成本价为200万元,市场售价为300万元。假设甲公司为一般纳税人,增值税税率为17%。请做出甲公司相应的会计处理。

解:借:应付职工薪酬　　　　　　　　　　　　　　　3 510 000
　　　贷:主营业务收入　　　　　　　　　　　　　　　　3 000 000
　　　　　应交税费——应交增值税(销项税额)　　　　　 510 000
　　借:主营业务成本　　　　　　　　　　　　　　　 2 000 000
　　　贷:库存商品　　　　　　　　　　　　　　　　　　2 000 000

③ 随同商品出售但单独计价的包装物,按规定收取的增值税,借记"应收账款"等科目;贷记"应交税费——应交增值税(销项税额)"科目。出租、出借包装物逾期未退还而没收的押金应缴纳的增值税,借记"其他应付款"等科目;贷记"应交税费——应交增值税(销项税额)"科目。

【例2-14】 某酒厂销售鲜啤酒,售价5 000元(不含税),随货出售单独计价的包装物,售价200元(不含税),同时收取啤酒桶押金200元。请做出该厂相应的会计处理。

解:借:银行存款　　　　　　　　　　　　　　　　　　6 284
　　　贷:主营业务收入　　　　　　　　　　　　　　　　　 5 000
　　　　　其他业务收入　　　　　　　　　　　　　　　　　 200
　　　　　其他应付款　　　　　　　　　　　　　　　　　　 200
　　　　　应交税费——应交增值税(销项税额)　　　　　　　884

如果包装物逾期未归还,没收包装物押金视为价外费用,应该计算增值税。

　　借:其他应付款　　　　　　　　　　　　　　　　　　 200
　　　贷:其他业务收入　　　　　　　　　　　　　　　　　 170.94
　　　　　应交税费——应交增值税(销项税额)　　　　　　　 29.06

(3) 出口退税的会计处理

办理出口退税时,借记"其他应收款"科目,贷记"应交税费——应交增值税(出口退税)"科目;收到退回的税款时,借记"银行存款"科目,贷记"其他应收款"科目。

【例2-15】 某企业出口商品一批,出口价500 000元,出口环节免征关税、增值税。已知该批商品国内买价为350 000元,适用17%增值税税率。商品出口后,企业凭出口单据办理出口退税,退税率为15%。请做出该企业相应的会计处理。

解：
① 出口时：
借：应收账款   500 000
  贷：主营业务收入   500 000
② 办理出口退税时：
借：其他应收款   52 500
  贷：应交税费——应交增值税（出口退税） 52 500
③ 收到退税款时：
借：银行存款   52 500
  贷：其他应收款   52 500
④ 不予退税的 2%（17%～15%）的处理：
借：主营业务成本   7 000
  贷：应交税费——应交增值税（进项税额转出） 7 000

（4）进项税额转出的会计处理

企业购进货物（如商品、原材料、包装物、免税农产品等）发生非正常损失及用于免税项目，进项税额不能从销项税额中扣除。但如果这些货物在购进时已将增值税作为进项税额从当期的销项税额中做了扣除，应将其从进项税额中转出，借记有关成本、费用和损失科目；贷记"应交税费——应交增值税（进项税额转出）"科目。

【例2-16】 某企业发生意外火灾，烧毁库存商品20件，单价为2 500元，市价为3 200元。请做出该企业相应的会计处理。

解：借：待处理财产损溢   58 500
   贷：库存商品   50 000
     应交税费——应交增值税（进项税额转出） 8 500

（5）上缴增值税的会计处理

上缴应缴纳的增值税，借记"应交税费——应交增值税（已交税金）"科目；贷记"银行存款"科目。

二、小规模纳税人增值税的核算

小规模纳税人核算增值税，只要核算应缴数、已缴数及欠缴数即可，因此只在"应交税费"科目下设置"应交增值税"明细科目。

小规模纳税人实行简易办法按照3%的征收率计算缴纳增值税。其购进的货物不论是否取得增值税专用发票，均应按应付或实际支付的全部价款，借记"材料采购"、"管理费用"等科目；贷记"应付账款"、"应付票据"、"银行存款"等科目。

小规模纳税人销售货物或应税劳务，一律不得开具增值税专用发票，以实际的销售收入和按规定应收取的增值税的合计数，借记"应收账款"、"银行存款"等科目；按规定收取的增值税，贷记"应交税费——应交增值税"科目；按两者之间的差额，贷记"主营业务收入"科目。

小规模纳税人按规定的纳税期限上缴税款时,借记"应交税费——应交增值税"科目,贷记"银行存款"科目;收到退回多缴的增值税时,做相反会计分录。

【例 2-17】 某工业企业为小规模纳税人,本月发生如下经济业务:
① 购进商品,取得的增值税专用发票上注明的价款为 20 万元,税金 3.4 万元,货款已付。
② 销售货物,取得销售收入 20.6 万元,已收存银行。
③ 上缴本月应纳增值税。
请根据以上业务分别做出该企业相应的会计处理。

解:① 借:材料采购　　　　　　　　　　　　234 000
　　　　贷:银行存款　　　　　　　　　　　　　　234 000
② 借:银行存款　　　　　　　　　　　　206 000
　　　　贷:主营业务收入　　　　　　　　　　　　200 000
　　　　　　应交税费——应交增值税　　　　　　　　6 000
③ 借:应交税费——应交增值税　　　　　　6 000
　　　　贷:银行存款　　　　　　　　　　　　　　6 000

任务 2.4　增值税的申报

一、纳税义务发生时间

纳税人销售货物或者提供应税劳务,纳税义务发生时间为收讫销售款或者取得索取销售款凭据的当天。按销售结算方式的不同,它具体可以分为以下几种情况:
① 采取直接收款方式销售货物的,不论货物是否发出,均为收到销售款或取得索取销售款凭据,并将提货单交给买方的当天;
② 采取托收承付和委托银行收款方式销售货物的,为发出货物并办妥托收手续的当天;
③ 采取赊销和分期收款方式销售货物的,为按合同约定的收款日期的当天;
④ 采取预收货款方式销售货物的,为货物发出的当天;
⑤ 委托其他纳税人代销货物的,为收到代销单位开来代销清单的当天;
⑥ 销售应税劳务的,为提供劳务同时收讫销售款或取得索取销售款凭据的当天;
⑦ 纳税人发生视同销售货物行为的,为货物移送的当天;
⑧ 纳税人进口货物的,纳税义务发生时间为报关进口的当天。

二、纳税期限

增值税的纳税期限分别为 1 日、3 日、5 日、10 日、15 日或者 1 个月或者一个季度,以一个季度为纳税期限的规定仅适应于小规模纳税人。纳税人的具体纳税期限,由主管税务机关根据纳税人应纳税额的大小分别核定;不能按照固定期限纳税的,可以按次纳税。

纳税人以 1 个月为一期纳税的,自期满之日起 15 日内申报纳税;以 1 日、3 日、5 日、

10 日或者 15 日为一期纳税的,自期满之日起 5 日内预缴税款,于次月 1 日起 15 日内申报纳税并结清上月应纳税额。

纳税人进口货物,应当自海关填发海关进口增值税专用缴款书之日起 15 日内缴纳税款。

纳税人出口货物,应按月向税务机关申报办理该项出口货物的退税。

三、纳税地点

① 固定业户应当向其机构所在地主管税务机关申报纳税。总机构和分支机构不在同一县(市)的,应当分别向各自所在地主管税务机关申报纳税,经国家税务总局或其授权的税务机关批准,可以由总机构汇总向总机构所在地主管税务机关申报纳税。

② 固定业户到外县(市)销售货物的,应当向其机构所在地主管税务机关申请开具《外出经营活动税收管理证明》,向其机构所在地主管税务机关申报纳税。未持有主管税务机关核发的《外出经营活动税收管理证明》的,应当向销售地主管税务机关申报纳税;未向销售地主管税务机关申报纳税的,由其机构所在地主管税务机关补征税款。

③ 非固定业户销售货物或者提供应税劳务,应当向销售地主管税务机关申报纳税。

④ 进口货物,应当由进口人或其代理人向报关地海关申报纳税。

四、纳税申报表的填制

增值税纳税人应按有关规定及时办理纳税申报,并应如实填写《增值税纳税申报表》(见表 2-1、2-2)。

表 2-1 增值税纳税申报表

(适用于增值税一般纳税人)

根据《中华人民共和国增值税暂行条例》第二十二条和第二十三条的规定制定本表。纳税人不论有无销售额,均应按主管税务机关核定的纳税期限填报本表,并于次月一日起十五日内,向当地税务机关申报。

税款所属时间:自　年　月　日至　年　月　日

填表时间:　年　月　日　　　　　　　　　　金额单位:元至角分

纳税人识别号						所属行业	
纳税人名称	(公章)	法定代表人姓名		注册地址		营业地址	
开户银行及帐号		企业登记注册类型				电话号码	
项目		栏次	一般货物及劳务		即征即退货物及劳务		
			本月数	本年累计	本月数	本年累计	
销售额	(一)按适用税率征税货物及劳务销售额	1					
	其中:应税货物销售额	2					
	应税劳务销售额	3					

(续表)

项目		栏次	一般货物及劳务		即征即退货物及劳务	
			本月数	本年累计	本月数	本年累计
	纳税检查调整的销售额	4				
	(二)按简易征收办法征税货物销售额	5				
	其中:纳税检查调整的销售额	6				
	(三)免、抵、退办法出口货物销售额	7				
	(四)免税货物及劳务销售额	8				
	其中:免税货物销售额	9				
	免税劳务销售额	10				
税款计算	销项税额	11				
	进项税额	12				
	上期留抵税额	13				
	进项税额转出	14				
	免抵退货物应退税额	15				
	按适用税率计算的纳税检查应补缴税额	16				
	应抵扣税额合计	17＝12＋13－14－15＋16				
	实际抵扣税额	18(如 17＜11,则为 17,否则为 11)				
	应纳税额	19＝11－18				
	期末留抵税额	20＝17－18				
	按简易征收办法计算的应纳税额	21				
	按简易征收办法计算的纳税检查应补缴税额	22				

(续表)

	项目	栏次	一般货物及劳务		即征即退货物及劳务	
			本月数	本年累计	本月数	本年累计
税款缴纳	应纳税额减征额	23				
	应纳税额合计	24＝19＋21－23				
	期初未缴税额(多缴为负数)	25				
	实收出口开具专用缴款书退税额	26				
	本期已缴税额	27＝28＋29＋30＋31				
	① 分次预缴税额	28				
	② 出口开具专用缴款书预缴税额	29				
	③ 本期缴纳上期应纳税额	30				
	④ 本期缴纳欠缴税额	31				
	期末未缴税额(多缴为负数)	32＝24＋25＋26－27				
	其中:欠缴税额(≥0)	33＝25＋26－27				
	本期应补(退)税额	34＝24－28－29				
	即征即退实际退税额	35				
	期初未缴查补税额	36				
	本期入库查补税额	37				
	期末未缴查补税额	38＝16＋22＋36－37				

授权声明	如果你已委托代理人申报,请填写下列资料: 为代理一切税务事宜,现授权 （地址） 为本纳税人的代理申报人,任何与本申报表有关的往来文件,都可寄予此人。 授权人签字:	申报人声明	此纳税申报表是根据《中华人民共和国增值税暂行条例》的规定填报的,我确定它是真实的、可靠的、完整的。 声明人签字:

以下由税务机关填定
收到日期: 　　　　接收人: 　　　　主管税务机关盖章:

表 2-2 增值税纳税申报表
（适用于小规模纳税人）

根据《中华人民共和国增值税暂行条例》第二十二条及第二十三条的规定：纳税人不论有无销售额，均应按主管税务机关核定的纳税期限按期填报本表，并于次月一日起十五日内，向当地税务机关申报。

| 纳税人识别号 | | | | | | | | | | | | | | | | 增值税纳税类型：
所属行业： | | |

电脑编码：
纳税人名称（公章）： 　　　　　　　　　　　　　填表日期：　年　月　日
税款所属期：　年　月　日至　年　月　日　　　　金额单位：元（列至角分）

	项目	税目、征收率	栏次	本月数	本年累计
一、计税依据	（一）应征增值税货物及劳务不含税销售额		1		
	其中：税务机关代开的增值税专用发票不含税销售额		2		
	税控器具开具的普通发票不含税销售额		3		
	（二）销售使用过的应税固定资产不含税销售额		4		
	其中：税控器具开具的普通发票不含税销售额		5		
	（三）免税货物及劳务销售额		6		
	其中：税控器具开具的普通发票销售额		7		
	（四）出口免税货物销售额		8		
	其中：税控器具开具的普通发票销售额		9		
二、税款计算	本期应纳税额		10		
	本期应纳税额减征额		11		
	应纳税额合计		12=10-11		
	本期税务机关代开的增值税专用发票预缴税额		13		
	本期应补（退）税额		14=12-13		

纳税人或代理人声明： 此纳税申报表是根据国家税收法律的规定填报的，我确定它是真实的、可靠的、完整的。	如纳税人填报，由纳税人填写以下各栏：	
	办税人员（签章）：	财务负责人（签章）：
	法定代表人（签章）：	联系电话
	如委托代理人填报，由代理人填写以下各栏：	
	代理人名称：　　经办人（签章）：	联系电话
	代理人（公章）：	

受理人：　　　　受理日期：　　年　月　日　　　受理税务机关（签章）：
本表一式三份，一份纳税人留存，一份主管税务机关留存、一份征收部门留存

【项目小结】

增值税是对在中华人民共和国境内销售货物或者提供加工、修理修配劳务,以及进口货物的单位和个人,就其取得的货物或应税劳务的销售额,以及进口货物的金额计算税款,并进行税款抵扣的一种流转税。在中华人民共和国境内销售货物或者提供加工、修理修配劳务(以下简称应税劳务)以及进口货物的单位和个人,为增值税的纳税义务人。按照年应税销售额的大小和财务会计核算是否健全,将增值税的纳税人划分为一般纳税人和小规模纳税人。增值税一般纳税人,应纳税额等于当期销项税额减进项税额;而小规模纳税人不实行抵扣制度,采用简易计税办法,按照销售额的3%计算应纳税额,不得抵扣进项税额。为了正确反映和核算增值税的有关纳税事项,一般纳税人应在"应交税费"科目下设置"应交增值税"明细科目。"应交增值税"下还应分别设立"进项税额"、"销项税额"、"出口退税"、"进项税额转出"、"已交税金"等专栏。小规模纳税人核算增值税,只要核算应缴数、已缴数及欠缴数即可,因此只在"应交税费"科目下设置"应交增值税"明细科目。增值税纳税人应在规定的期限内向主管税务机关及时办理纳税申报,并应如实填写《增值税纳税申报表》。

【能力训练】

一、单项选择题

1. 进口下列货物应按13%的税率征收增值税的是( )。
   A. 家用电器　　　B. 汽车　　　C. 农机　　　D. 摄像机
2. 某生产企业发生( )时,应确认收入实现,计算销项税额。
   A. 将购买的货物投资给其他单位
   B. 将购买的货物用于装修职工活动中心
   C. 将购买的货物交加工单位委托加工后收回继续用于生产使用
   D. 将购买的货物用于其兼营的租赁业务
3. 某服装厂将自产的服装作为福利发给本厂职工,该批产品的制造成本共计10万元,利润率为10%,按当月同类产品的平均销售价格计算为18万元。该厂计征增值税的销售额应为( )万元。
   A. 10　　　B. 10.9　　　C. 11　　　D. 18
4. 某酒厂为一般纳税人,3月份向一小规模纳税人销售白酒,开具的普通发票上注明的含税金额为93 600元,适用税率为17%。此项业务该酒厂应计算的销项税额为( )元。
   A. 15 912　　　B. 13 600　　　C. 2 808　　　D. 2 726.21
5. 根据增值税法律制度的规定,下列各项中,必须认定为小规模纳税人的是( )。

A. 年不含税应税销售额为 100 万元的商业企业
B. 年应税销售额超过小规模纳税人标准的非企业性单位及不经常发生应税行为的企业
C. 年不含税应税销售额在 50 万元以上的从事货物生产的企业
D. 年不含税应税销售额在 80 万元以下的商业企业

6. 根据增值税法律制度的规定,下列各项中,不属于增值税征税范围的是(   )。
   A. 销售热力   B. 销售天然气   C. 销售房地产   D. 销售电力

二、多项选择题

1. 根据《增值税暂行条例》的规定,下列单位中应当认定为小规模纳税人的有(   )。
   A. 年应税销售额为 40 万元的工业企业
   B. 年应税销售额为 90 万元的商业企业
   C. 年应税销售额为 80 万元的工业企业
   D. 年应税销售额为 70 万元的商业企业

2. 根据增值税法律制度的规定,下列销售业务中,应当征收增值税的是(   )。
   A. 丙公司销售商品房   B. 甲公司销售小汽车
   C. 丁公司销售自来水   D. 乙公司销售化妆品

3. 纳税人销售、进口下列货物,适用增值税税率 13% 的有(   )。
   A. 加工、修理修配劳务   B. 粮食、食用植物油
   C. 服装   D. 图书、报纸、杂志

4. 甲企业以价值 80 000 元的货物与乙企业价值 100 000 元的货物相交换,对其差额甲企业开出转账支票补付。甲、乙双方的纳税处理正确的是(   )。
   A. 甲以 80 000 元计算销项税额,并开具增值税专用发票,作为乙抵扣进项税额的合法凭证
   B. 乙以 100 000 元计算销项税额,并开具增值税专用发票,作为甲抵扣进项税额的合法凭证
   C. 乙以 20 000 元计算销项税额,甲不用缴纳增值税
   D. 甲、乙各自以 180 000 元计算销项税额,并开具增值税专用发票

5. 增值税纳税义务发生时间可以是(   )。
   A. 预收货款方式销售货物的,为货物发出的当天
   B. 视同销售货物行为的,为货物移送的当天
   C. 委托他人代销货物的,为发出代销货物的当天
   D. 直接收款方式销售货物的,不论货物是否发出,均为收讫销货款或取得索取销货款凭据的当天

6. 甲公司外购的一批货物价值 6 000 元,委托乙公司加工,支付加工费 1 000 元。货物加工好后,甲公司将这批货物直接对外销售,开具的增值税专用发票上注明的销售额为 8 000 元。假设甲、乙公司均为一般纳税人并取得增值税专用发票。根据以上表述,以下

各种说法中正确的是( )。

  A. 甲应当缴纳增值税 170 元   B. 乙应当缴纳增值税 170 元
  C. 甲应当缴纳增值税 340 元   D. 乙不需要缴纳增值税

三、业务题

1. 某计算机服务公司以销售计算机为主营业务,并为客户提供技术、维修等服务。本月销售计算机取得收入 1 000 000 元,均开具增值税专用发票;提供技术服务取得收入 200 000 元,均开具普通发票;为客户提供计算机维修服务取得收入 100 000 元,均开具普通发票。以上三项收入未分别核算。计算该公司本月应纳增值税税额,并做出相关会计处理。

2. 某商业企业为小规模纳税人,20×8 年 6 月共实现销售收入 83 200 元。计算该公司本月应纳增值税税额,并做出相关会计处理。

3. 某自行车厂为增值税一般纳税人,4 月份发生下列购销业务:

① 购进原材料一批,取得的增值税专用发票上注明的价款为 100 000 元,增值税 17 000 元,货已验收入库;另支付运费 2 500 元,取得运输部门专用发票。

② 购进办公用品一批,取得的普通发票上注明的价款为 20 000 元;购进复印机一台,增值税专用发票上注明的价款为 50 000 元,增值税为 8 500 元。

③ 向当地某商场销售自行车 300 辆,开具增值税专用发票,不含税单价为 300 元/辆,商场当月付清全部货款,厂家给予了 5% 的销售折扣。

④ 向某个体户销售自行车零配件,取得现金收入 2 340 元,开具普通发票。

⑤ 本厂基本建设工程领用上月购进的生产用钢材不含税价 100 000 元。

要求:计算该自行车生产企业当月应缴增值税并做出相应的会计分录。

项目 3　消费税纳税实务

【学习目标】

知识目标：掌握消费税的基本税制构成要素及应纳税额的计算；了解消费税的概念和特点。

能力目标：能正确填制《消费税纳税申报表》；能正确进行消费税的会计核算。

【引导案例】

深圳市江醇酿酒厂是年纳增值税、消费税过千万元的国有骨干企业，主要产品为白酒、酒精及饮料。1995年10月初，市国税局直属征收分局在审查其纳税申报时，发现纳税情况异常，特别是消费税应纳税额与上年同期相比下降很大。10月21日，征收分局派员对其该年1月至9月份纳税情况进行了检查。

通过检查产品销售明细账，发现各类应征消费税产品依法定税率计算的应纳税额与申报数额一致，但酒精的产品销售收入达2 158万元，与1994年同期相比，增长了38%，增幅较大。对此，企业财务人员解释说，今年以来，酿酒厂进行了产品结构调整，减少了白酒产量，扩大了酒精生产规模，由于酒精消费税税率较低，所以在总的应税收入增长的情况下，应纳消费税税额反而减少了。

为了弄清情况，税务人员又对产品账进行了检查，白酒产量比去年同期增长了11%，酒精产量比去年同期增长了13.8%，增长幅度不大。企业生产的食用酒精全部记入"生产成品——食用酒精"账户，1995年1月至9月结转食用酒精销售成本102万元，结转工业酒精及医用酒精销售成本996万元，合计结转酒精销售成本1 098万元，与酒精产品销售收入明显不符。由此推断，企业存在混淆酒类产品销售与酒精产品销售的问题。

税务人员对包括该厂门市部在内的8个购货单位、16份销货发票进行外调，发现开给本厂门市部的两份大额发票记账联与发票联产品名称不符，记账联为"食用酒精"，发票联却为"粮食白酒"。再核对这两笔业务的核算情况，发现"产品销售收入——食用酒精"账户后面单设一账页，户名为"门市部"，只登记产品销售数量、销售金额，未登记单价及单位成本。该企业混淆产品销售收入、逃避纳税的问题终于被查清。销售明细账的"门市部"账户记载1995年1月至10月食用酒精销售收入为537万元，实际为粮食白酒销售收入，共少计消费税107.4万元。

任务 3.1　认识消费税

一、消费税概述

消费税是对在中华人民共和国境内从事生产、委托加工和进口应税消费品的单位和个人,就其应税消费品的销售额或销售数量征收的一种税。

我国现行消费税具有以下一些特点:

1. 征收范围具有选择性

消费税只是选择了一部分特殊的消费品、奢侈品、高能耗消费品和不可再生的资源消费品作为征税对象,而不是对所有的消费品都征收消费税。因此,消费税是一种具有非中性特征的选择性商品税。我国在对货物普遍征收增值税的基础上,选择少数特定消费品交叉征收消费税,使消费税的个别调节与增值税的普遍调节有效结合,同时发挥双重调节作用。

2. 征收环节具有单一性

我国现行增值税在货物的生产、批发、零售、进口等多环节征收,而消费税只是在消费品生产环节和进口环节(金银首饰除外)一次性征收。单环节征收有利于加强税源控制,又可节约征收费用,能够更加直接地发挥消费税的双重调节作用。

3. 税率设计具有差别性

消费税针对不同消费品的种类、档次或消费品中某一成分的含量,以及国家的产业政策和消费政策,消费品的市场供求状况或价格水平等情况设计了高低不等的税率,充分体现其特定调节功能。在税率形式的选择上,也具有较大的灵活性。对大部分商品采用比例税率,从价征收;对少数价格不稳定的商品采用定额税率,从量征收。这样既能保证财政收入的稳定实现,又能促使企业提高产品的附加值。

4. 税收负担价内转嫁

消费税和增值税一样都是间接税,税款最终都要转嫁,由最终消费者负担。但增值税采用价外税形式,而消费税采用价内税形式,税款作为价格构成要素计入应税消费品的销售价格而实现转嫁。

二、消费税基本制度

1. 纳税义务人

消费税的纳税义务人是指在中华人民共和国境内从事生产、委托加工和进口应税消费品的单位和个人。中华人民共和国境内是指生产、委托加工和进口应税消费品的起运地或所在地在中国境内。

2. 征税范围

我国实行有选择的消费税,其征税范围主要是根据我国的经济发展现状和消费政策、人民群众的消费水平和消费结构以及国家的财政需要确定的。课征的商品大体分为以下五种类型:

① 过度消费会对人类健康、社会秩序、生态环境等方面造成危害的特殊消费品,如烟、酒、鞭炮、烟火等。

② 奢侈品,如化妆品、贵重首饰等。

③ 高能耗及高档消费品,如摩托车、小汽车等。

④ 不可再生和替代的稀缺资源消费品,如汽油、柴油等。

⑤ 税基宽广、消费普遍、征税后不影响居民生活并具有一定财政意义的消费品,如汽车轮胎等。

3. 税目、税率

现行消费税采用比例税率、定额税率和复合税率三种税率形式,以对应不同应税消费品的实际情况。消费税税目、税率的具体规定见表3-1。

表3-1 消费税税目、税率表

税 目	税 率
一、烟	
1. 卷烟	
(1) 甲类卷烟[1]	56%加0.003元/支(生产环节)
(2) 乙类卷烟[2]	36%加0.003元/支(生产环节)
(3) 批发环节	5%(2009年5月1日起)[3]
2. 雪茄烟	36%
3. 烟丝	30%
二、酒及酒精	
1. 白酒	20%加0.5元/500克(或500毫升)
2. 黄酒	240元/吨
3. 啤酒	
(1) 甲类啤酒[4]	250元/吨
(2) 乙类啤酒[5]	220元/吨
4. 其他酒	10%
5. 酒精	5%
三、化妆品	30%

(续表)

税 目	税 率
四、贵重首饰及珠宝玉石	
1. 金银首饰、铂金首饰和钻石及钻石饰品	5%（零售环节纳税）
2. 其他贵重首饰和珠宝玉石	10%（生产、进口、委托加工提货环节纳税）
五、鞭炮、烟火	15%
六、成品油	
1. 汽油	
（1）含铅汽油	1.40元/升
（2）无铅汽油	1.00元/升
2. 柴油	0.80元/升
3. 航空煤油	0.80元/升
4. 石脑油	1.00元/升
5. 溶剂油	1.00元/升
6. 润滑油	1.00元/升
7. 燃料油	0.80元/升
七、汽车轮胎	3%
八、摩托	
1. 汽缸容量在250毫升（含250毫升）以下的	3%
2. 汽缸容量在250毫升以上的	10%
九、小汽车	
1. 乘用车	
（1）汽缸容量在1.0（含1.0）升以下的	1%
（2）汽缸容量在1.0以上至1.5（含1.5）升	3%
（3）汽缸容量在1.5以上至2.0（含2.0）升	5%
（4）汽缸容量在2.0以上至2.5（含2.5）升	9%
（5）汽缸容量在2.5以上至3.0（含1.5）升	12%
（6）汽缸容量在3.0以上至4.0（含4.0）升	25%
（7）汽缸容量在4.0升以上	40%
2. 中轻型商用客车	5%
十、高尔夫球及球具	10%
十一、高档手表	20%

(续表)

税　目	税　率
十二、游艇	10%
十三、木制一次性筷子	5%
十四、实木地板	5%

注：[1] 甲类卷烟，即每标准条调拨价格在70元（不含增值税）以上（含70元）的卷烟。

[2] 乙类卷烟，即每标准条调拨价格在70元（不含增值税）以下的卷烟。

[3] 从2009年5月1日起，卷烟在批发环节加征一道从价税。

[4] 甲类啤酒是指每吨出厂价（含包装物及包装物押金）在3 000元（含3 000元，不含增值税）以上的啤酒。

[5] 乙类啤酒是指每吨出厂价（含包装物及包装物押金）在3 000元以下的啤酒。

4. 税收优惠政策

纳税人出口应税消费品，除国务院另有规定的外，免征消费税；已税消费品出口的，退还已缴纳的消费税。出口的应税消费品办理退税后发生退关或者国外退货，进口时予以免税的，报关出口者必须及时向其所在地主管税务机关申报补缴已退的消费税税款。纳税人直接出口的应税消费品办理免税后，发生退关或国外退货，进口时予以免税的，经所在地主管税务机关批准，可暂不办理补税，待其转为国内销售时，再向其主管税务机关申请补缴消费税。

石脑油、溶剂油、润滑油、燃料油应根据实际销售数量按规定税率申报纳税，按消费税应纳税额的30%缴税。航空煤油暂缓征收消费税。汽车轮胎中的子午线轮胎免征消费税。企业生产销售达到低污染排放值标准的小轿车、越野车和小客车，可减征30%的消费税。

任务3.2　消费税的计算

一、消费税的计算方法

1. 从价定率计算方法

从价定率计算方法是指根据应税消费品的价格和税法规定的税率计算消费税应纳税额的方法。

（1）计税依据

从价定率方法下的计税依据是应税消费品的销售额。销售额为纳税人销售应税消费品而向购买方收取的全部价款和价外费用。价外费用是指价外收取的基金、集资费、返还利润、补贴、违约金（延期付款利息）和手续费、包装费、储备费、优质费、运输装卸费、代收款项、代垫款项以及其他各种性质的价外收费。纳税人将承运部门开具给购货方的运费发票转交给购货方的款项不包括在内。其他价外费用无论是否属于纳税人的收入,均应并入销售额计算征税。

确定销售额还应注意以下几点:

① 应税消费品连同包装物销售的,无论包装物是否单独计价,也不论在会计上如何核算,均应并入应税消费品的销售额中征收消费税。如果包装物不作价随同产品销售,而是收取押金,且单独核算又未过期的,此项押金则不应并入应税消费品的销售额中征税。但对因逾期未收回的包装物不再退还的和已收取1年以上的押金,应并入应税消费品的销售额,按照应税消费品的适用税率征收消费税。

② 对既作价随同应税消费品销售,又另外收取的包装物押金,凡纳税人在规定的期限内不予退还的,均应并入应税消费品的销售额,按照应税消费品的适用税率征收消费税。

③ 对酒类产品生产企业销售酒类产品而收取的包装物押金,无论押金是否返还与会计上如何核算,均应并入酒类产品销售额中,依酒类产品的适用税率征收消费税。

应税消费品的销售额不包括应向购货方收取的增值税税款。

(2) 应纳税额的计算

应纳税额的计算公式如下:

$$应纳税额 = 应税消费品的销售额 \times 适用税率$$

【例 3-1】 某汽车轮胎生产企业为增值税一般纳税人,某纳税期内向甲厂销售汽车轮胎一批,开具增值税专用发票,取得销售额 30 万元,增值税额 5.1 万元;向某汽车修理厂(小规模纳税人)销售汽车轮胎一批,开具普通发票,取得含增值税销售额 7.02 万元。计算该企业应纳消费税税额。

解: 应税销售额 $= 30 + 7.02 \div (1 + 17\%) = 36$(万元)

应纳税额 $= 36 \times 3\% = 1.08$(万元)

2. 从量定额计算方法

从量定额计算方法是指根据消费品的应税数量和税法规定的单位税额计算消费税应纳税额的方法。

(1) 计税依据

从量定额方法下的计税依据是应税消费品的销售数量。它具体包括以下几个方面:

① 销售应税消费品的,为应税消费品的销售数量。

② 自产自用应税消费品的,为应税消费品的移送使用数量。

③ 委托加工应税消费品的,为纳税人收回的应税消费品数量。

④ 进口应税消费品的,为海关核定的应税消费品进口征税数量。

(2) 计量单位的换算

税法规定,黄酒、啤酒以吨为税额单位;成品油类以升为税额单位。但是,考虑到在实际销售过程中,一些纳税人会把吨与升这两个计量单位混用,为了规范不同产品的计量单

位,以准确计算应纳税额,吨与升两个计量单位的换算标准如下:

① 啤酒:1 吨＝988 升　　② 黄酒:1 吨＝962 升
③ 汽油:1 吨＝1 388 升　　④ 柴油:1 吨＝1 176 升
⑤ 石脑油:1 吨＝1 385 升　⑥ 溶剂油:1 吨＝1 282 升
⑦ 润滑油:1 吨＝1 126 升　⑧ 燃料油:1 吨＝1 015 升
⑨ 航空煤油:1 吨＝1 246 升

(3) 应纳税额的计算

应纳税额的计算公式如下:

$$应纳税额＝应税消费品的销售数量×单位税额$$

【例 3-2】 某炼油厂 5 月份销售无铅汽油 200 吨,销售柴油 50 000 升。计算该厂当月应纳消费税税额。

解:应纳税额＝200×1 388×0.2＋50 000×0.1＝60 520(元)

3. 从价定率和从量定额混合计算方法

从价定率和从量定额混合计算方法是指同时采用从价定率和从量定额双重计征应纳税额的方法,现行消费税中,只有卷烟、粮食白酒、薯类白酒采用该混合计算方法。

(1) 计税依据

混合计算方法的计税依据是应税消费品的销售数量和销售额。销售数量和销售额的确定方法同上。

(2) 应纳税额的计算

应纳税额的计算公式如下:

$$应纳税额＝应税销售数量×定额税率＋应税销售额×比例税率$$

【例 3-3】 某酒厂为增值税一般纳税人,生产销售粮食白酒,12 月份该厂销售自产粮食白酒 20 吨,取得不含增值税销售额 360 000 元。计算该厂当月应纳消费税税额。

解:应纳税额＝20×1 000×2×0.5＋360 000×20％＝92 000(元)

二、自产自用应税消费品应纳税额的计算

自产自用的应税消费品是指纳税人生产应税消费品后,用于连续生产应税消费品或用于其他方面的应税消费品。用于连续生产应税消费品是指作为生产最终应税消费品的直接材料,并构成最终产品实体的应税消费品;用于其他方面是指纳税人用于生产非应税消费品和在建工程,管理部门、非生产机构提供劳务,以及用于馈赠、赞助、集资、广告、样品、职工福利、奖励等方面的应税消费品。

1. 计税依据

对于实行从量定额征税的消费品,应以其移送使用数量为计税依据。

对于实行从价定率征税的消费品,应区分以下两种情况分别确定:

① 有同类消费品销售价格的,按纳税人生产的同类消费品的销售价格计算纳税。

② 没有同类消费品销售价格的,按组成计税价格计算纳税。组成计税价格的计算公式如下:

$$组成计税价格=(成本+利润)÷(1-消费税税率)$$

或:

$$组成计税价格=成本×(1+成本利润率)÷(1-消费税税率)$$

上述公式的成本是指应税消费品的产品生产成本;利润是指根据应税消费品的全国平均成本利润率计算的利润。应税消费品的全国平均成本利润率由国家税务总局确定,具体见表3-2。

表3-2 消费税税目平均成本利润率   %

品 名	成本利润率	品 名	成本利润率
1. 甲类卷烟	10	11. 贵重首饰及珠宝玉石	6
2. 乙类卷烟	5	12. 汽车轮胎	5
3. 雪茄烟	5	13. 摩托车	6
4. 烟丝	5	14. 高尔夫球及球具	10
5. 粮食白酒	10	15. 高档手表	20
6. 薯类白酒	5	16. 游艇	10
7. 其他酒	5	17. 木制一次性筷子	5
8. 酒精	5	18. 实木地板	5
9. 化妆品	5	19. 乘用车	8
10. 鞭炮、焰火	5	20. 中轻型商用客车	5

2. 应纳税额的计算

应纳税额的计算公式如下:

$$应纳税额=组成计税价格×适用税率$$

【例3-4】 某日化厂为庆祝"三八"妇女节,特制300套礼盒化妆品发给职工,该化妆品没有市场供应,每套生产成本100元,平均利润率为5%,化妆品的消费税税率为30%。计算该厂应纳消费税税额。

解:组成计税价格$=100×300×(1+5\%)÷(1-30\%)=45\,000$(元)

应纳税额$=45\,000×30\%=13\,500$(元)

【例3-5】 某卷烟厂新研制出一种低焦油卷烟,提供2个标准箱用于博览会样品并分送给参会者。该种卷烟尚无销售价格,其生产成本为每箱10 000元,成本利润率为10%,适用税率为45%。计算该产品应纳消费税税额。

解:组成计税价格$=10\,000×2×(1+10\%)÷(1-45\%)=40\,000$(元)

应纳税额$=40\,000×45\%+150×2=18\,300$(元)

三、委托加工应税消费品应纳税额的计算

委托加工的应税消费品是指由委托方提供原料和主要材料,受托方只收取加工费和代垫部分辅助材料加工的应税消费品。确定委托加工业务必须同时符合两个条件,一是原材料必须由委托方提供;二是受托方只能收取加工费或代垫部分辅助材料。对于由受托方提供原材料生产的应税消费品,或者受托方以委托方名义购进原材料生产的应税消费品,不论纳税人在财务上是否做销售处理,都不得作为委托加工应税消费品,而应当按照销售自制应税消费品缴纳消费税。

对于符合税法规定条件的委托加工应税消费品,无论委托方还是受托方均需做出相应的税务处理,由委托方承担纳税义务,受托方承担代收代缴义务。

1. 计税依据

① 受托方有同类消费品销售价格的,按照受托方同类消费品销售价格计算纳税。
② 受托方没有同类消费品销售价格的,按组成计税价格计算纳税。其计算公式如下:

$$组成计税价格=(材料成本+加工费)\div(1-消费税税率)$$

公式中的材料成本是指委托方所提供加工材料的实际成本。委托加工应税消费品的纳税人必须在委托加工合同上如实注明(或以其他方式提供)材料成本,凡未提供材料成本的,受托方所在地主管税务机关有权核定其材料成本。加工费是指受托方加工应税消费品向委托方所收取的全部费用(包括代垫辅助材料的实际成本,不包括增值税税金)。

2. 应纳税额的计算

应纳税额的计算公式如下:

$$应纳税额=组成计税价格\times 适用税率$$

【例 3-6】 某汽车公司委托轮胎厂加工汽车轮胎 500 套,由汽车公司提供原料,原料成本共计 60 000 元。轮胎厂每套轮胎的加工费是 30 元,代垫辅助材料每套 5 元。该厂没有同类轮胎销售。计算该公司委托加工轮胎应纳消费税税额。

解: 组成计税价格=(60 000+500×30+500×5)÷(1-3%)=79 896.91(元)

应纳税额=79 896.91×3%=2 396.91(元)

【例 3-7】 A 酒厂委托 B 酒厂加工粮食白酒 5 吨,由 A 厂提供原料,原料成本不含增值税价为 110 000 元。B 厂收取加工费 10 000 元。B 厂无同类产品销售价格。计算 B 厂应代收代缴的消费税税额。

解: 组成计税价格=(110 000+10 000)÷(1-20%)=150 000(元)

代收代缴的消费税税额=150 000×20%+5×2 000×0.5=35 000(元)

四、外购和委托加工应税消费品已纳税款的扣除

由于某些应税消费品是用外购或委托加工收回已缴纳消费税的应税消费品连续生产

出来的,在对这些连续生产出来的应税消费品计算征税时,如果不将原料已纳税款扣除,则会出现重复征税问题。因此,税法规定,对用外购或委托加工收回的应税消费品连续生产应税消费品的,应按当期生产领用数量计算扣除外购或委托加工收回的应税消费品已纳的消费税税款。

1. 扣除范围

① 以外购或委托加工收回的已税烟丝生产的卷烟;
② 以外购或委托加工收回的已税化妆品生产的化妆品;
③ 以外购或委托加工收回的已税珠宝玉石生产的贵重首饰及珠宝玉石;
④ 以外购或委托加工收回的已税鞭炮焰火生产的鞭炮焰火;
⑤ 以外购或委托加工收回的已税汽车轮胎生产的汽车轮胎;
⑥ 以外购或委托加工收回的已税摩托车生产的摩托车;
⑦ 以外购或委托加工收回的已税杆头、杆身和握把为原料生产的高尔夫球杆;
⑧ 以外购或委托加工收回的已税木制一次性筷子为原料生产的木制一次性筷子;
⑨ 以外购或委托加工收回的已税实木地板为原料生产的实木地板;
⑩ 以外购或委托加工收回的已税石脑油为原料生产的应税消费品;
⑪ 以外购或委托加工收回的已税润滑油为原料生产的润滑油。

2. 准予扣除外购应税消费品已纳税款的计算

当期准予扣除外购应税消费品已纳税款＝当期准予扣除外购应税消费品买价×外购应税消费品适用税率

当期准予扣除外购应税消费品买价＝期初库存的外购应税消费品买价＋当期购进的外购应税消费品买价－期末库存的外购应税消费品买价

其中,外购应税消费品的买价是指购货发票上注明的销售额(不包括增值税税额)。

上述当期准予扣除委托加工收回的应税消费品已纳消费税税款的计算公式如下:

当期准予扣除委托加工收回的应税消费品已纳消费税税款＝期初库存的委托加工应税消费品已纳税款＋当期收回的委托加工应税消费品已纳税款－期末库存的委托加工应税消费品已纳税款

纳税人用外购或委托加工收回的已税珠宝玉石生产的改在零售环节征收消费税的金银首饰,在计税时一律不得扣除外购或委托加工收回的珠宝玉石的已纳消费税税款。

【例3-8】 某化妆品公司用外购基础化妆品,继续加工成高级成套化妆品销售。5月初,库存外购基础化妆品3 000千克,当月购入8 000千克,月末库存1 000千克,每千克进价20元。本月销售连续生产的高级成套化妆品600箱,每箱售价900元,以上价格均不含增值税。计算该公司本月应纳消费税税额。

解: 准予扣除的外购化妆品已纳税额＝(3 000＋8 000－1 000)×20×30％＝60 000(元)

应纳税额＝600×900×30％－60 000＝102 000(元)

【例3-9】 A卷烟厂委托B卷烟厂加工烟丝,A厂提供原材料烟叶,价值180 000元,并支付B厂加工费30 000元。A厂收回烟丝后,30%直接出售,取得不含增值税价款120 000元;70%用于连续生产卷烟,当月全部销售,共90个标准箱,每箱售价5 000元。B厂无同类烟丝销售价格。计算B厂应代扣代缴的消费税税额及A厂应纳消费税税额。

解:组成计税价格=(180 000+30 000)÷(1-30%)=300 000(元)

B厂代收代缴的消费税额=300 000×30%=90 000(元)

A厂准予扣除的委托加工烟丝已纳税额=90 000×70%=63 000(元)

A厂实际应纳税额=90×150+5 000×90×30%-63 000=85 500(元)

五、进口应税消费品应纳税额的计算

进口应税消费品应于报关进口时由进口人或其代理人向报关地海关申报纳税,进口应税消费品的消费税由海关代征。

1. 从价定率计税的进口应税消费品

$$应纳税额=组成计税价格×消费税税率$$

$$组成计税价格=(关税完税价格+关税)÷(1-消费税税率)$$

公式中的关税完税价格是指海关核定的关税计税价格。

2. 从量定额计税的进口应税消费品

$$应纳税额=应纳消费品数量×消费税单位税额$$

3. 复合计税的进口应税消费品

$$应纳税额=组成计税价格×消费税税率+应税消费品数量×消费税单位税额$$

【例3-10】 某进出口公司进口一批高档手表,关税完税价格为1 500 000元,关税税率为10%,高档手表适用的消费税税率为20%。计算该公司应纳消费税税额。

解:组成计税价格=1 500 000×(1+10%)÷(1-20%)=2 062 500(元)

应纳消费税税额=2 062 500×20%=412 500(元)

六、出口应税消费品退(免)税的计算

由于出口应税消费品同时涉及退(免)增值税和消费税,而且退(免)增值税和消费税在范围界定、办理程序、审核处罚等管理方面都有许多相同之处,因此,这里仅就出口退(免)消费税的某些不同于出口退(免)增值税的特殊规定作一介绍。

1. 出口应税消费品退(免)税的适用范围

① 出口应税消费品退税适用于有出口经营权的外贸企业购进应税消费品直接出口,以及外贸企业受其他外贸企业委托代理出口应税消费品。外贸企业受其他非外贸企业委托代理出口的应税消费品,不予退税。

② 出口应税消费品免税适用于有出口经营权的生产性企业自营出口或生产企业委托外贸企业代理出口自产的应税消费品,依据其实际出口数量免征消费税,不予办理退还

消费税。

③ 出口应税消费品不免税也不退税的适用于除生产企业、外贸企业外的其他企业，具体是指一般商贸企业，委托外贸企业代理出口应税消费品一律不予退（免）税。

2. 出口应税消费品的退税率

出口应税消费品退税的基本原则是"征多少、退多少"，应退消费税的税率或单位税额等于税法规定的征税率或单位税额，即退税率等于征收时的适用税率。出口企业应将不同消费税税率的出口应税消费品分开核算和申报，凡划分不清适用税率的，一律从低适用税率计算应退消费税税额。

3. 出口应税消费品退税额的计算

① 属于从价定率计征消费税的应税消费品，应依据外贸企业从工厂购进货物时征收消费税的价格计算，其公式为：

$$应退消费税税款＝出口货物的工厂销售额\times税率$$

上式中，出口货物的工厂销售额不包含增值税。对含增值税的价格，应换算为不含增值税的销售额。

② 属于从量定额计征消费税的应税消费品，应依据货物购进和报关出口的数量计算应退消费税税款，其公式为：

$$应退消费税税款＝出口数量\times单位税额$$

4. 出口应税消费品办理退（免）税后的管理

出口的应税消费品办理退税后，发生退关或者国外退货，进口时予以免税的，报关出口者必须及时向其所在地主管税务机关申报补缴已退的消费税税款。纳税人直接出口的应税消费品办理免税后，发生退关或国外退货，进口时已予以免税的，经所在地主管税务机关批准，可暂不办理补税，待其转为国内销售时，再向其主管税务机关申报补缴消费税。

任务 3.3　消费税的核算

一、会计科目的设置

为正确反映和核算消费税有关纳税事项，纳税人应在"应交税费"科目下设置"应交消费税"明细科目。该科目贷方核算企业按规定应缴纳的消费税，借方核算纳税人实际缴纳的消费税；期末贷方余额反映尚未缴纳的消费税，借方余额反映多缴的消费税。计算应交消费税时，根据不同情况，借记"营业税金及附加"、"其他业务成本"、"长期股权投资"、"在建工程"、"营业外支出"、"应付职工薪酬"、"销售费用"、"应收账款"等科目；贷记本科目。实际缴纳时，借记"应交税费——应交消费税"科目；贷记"银行存款"等科目。消费税的会计核算根据其具体计算缴纳的情况，分为不同的情形进行。

二、会计处理方法

1. 销售应税消费品的会计处理

消费税是价内税,即应税消费品的售价中包含消费税,消费税已从销售收入中得到补偿,所以,消费税属于企业的费用,应计入"营业税金及附加"科目。纳税人在销售自产的应税消费品时,借记"营业税金及附加"科目;贷记"应交税费——应交消费税"科目。实际缴纳时,借记"应交税费——应交消费税";贷记"银行存款"。发生销货退回及退税时,做相反的会计分录。

【例3-11】 某日化厂销售自产化妆品100箱,每箱销售价格7 000元(不含增值税),共计价款700 000元;消费税税率为30%,应纳消费税税额为210 000元。货款已收到。请做出该厂相应的会计处理。

解:① 实现销售时:

借:银行存款	819 000
贷:主营业务收入	700 000
应交税费——应交增值税(销项税额)	119 000

② 计提消费税时:

借:营业税金及附加	210 000
贷:应交税费——应交消费税	210 000

③ 实际缴纳消费税时:

借:应交税费——应交消费税	210 000
贷:银行存款	210 000

2. 视同销售应税消费品的会计处理

(1) 以应税消费品作为投资的会计处理

企业以生产的应税消费品作为投资,计税时应视同销售,缴纳消费税,但在会计处理上不做销售处理。企业在投资时,借记"长期股权投资"科目;按投资移送应税消费品的账面成本时,贷记"库存商品"科目;按合同作价与账面成本的差额,借记或贷记"资本公积"科目;按投资应税消费品售价或组成计税价格计算消费税时,贷记"应交税费——应交消费税"科目。

【例3-12】 某工业企业将自产应税消费品用于对外投资,该产品成本300 000元,计税价格350 000元,增值税税率为17%,消费税税率为10%。计算该企业相关的应纳相关税金,并做出相应的会计处理。

解:应纳消费税税额=350 000×10%=35 000(元)

应纳增值税销项税额=350 000×17%=59 500(元)

做会计分录如下:

借:长期股权投资	350 000

贷：库存商品	300 000
资本公积	50 000
借：长期股权投资	94 500
贷：应交税费——应交消费税	35 000
应交税费——应交增值税(销项税额)	59 500

(2) 以应税消费品换取生产资料、消费资料或抵债等的会计处理

企业以生产的应税消费品换取生产资料、消费资料或抵偿债务、支付代购手续费等，与一般意义上销售并无本质区别，在会计上除做销售收入处理外，还应做一笔购货处理，其应交消费税处理与一般销售一致。纳税人应按同类产品最高售价借记"原材料"、"应付账款"等科目；贷记"主营业务收入"、"应交税费——应交增值税(销项税额)"等科目。同时，按售价计提应交消费税，借记"营业税金及附加"科目；贷记"应交税费——应交消费税"科目，并结转销售成本。

【例3-13】红星厂以A产品100件，成本8 000元，售价10 000元，兑换长江厂甲材料500千克，价款10 000元，双方消费税税率均为10%，增值税税率均为17%，都开具了增值税专用发票，货已验收入库。计算红星厂的应纳税额，并做出其相应的会计处理。

解：应纳消费税税额＝10 000×10%＝1 000(元)

应纳增值税销项税额＝10 000×17%＝1 700(元)

做会计分录如下：

① 发出产品，按售价做销售处理时：

借：应收账款	11 700
贷：主营业务收入	10 000
应交税费——应交增值税(销项税额)	1 700

② 计提消费税时：

借：营业税金及附加	1 000
贷：应交税费——应交消费税	1 000

③ 结转发出产品成本时：

借：主营业务成本——A产品	8 000
贷：库存商品——A产品	8 000

④ 兑换的原材料入库时：

借：原材料——甲材料	10 000
应交税费——应交增值税(进项税额)	1 700
贷：应收账款	11 700

(3) 自产自用应税消费品的会计处理

企业将自产的应税消费品用于在建工程、管理部门、非生产机构、提供劳务，以及用于馈赠、赞助、集资、广告、样品、职工福利、奖励等方面应视同销售，会计上不做收入处理，直接结转成本，并按同类消费品的平均销售价格计算应纳消费税和应纳增值税税额。纳税

人应在移送使用时,借记"在建工程"、"固定资产"、"应付职工薪酬"、"销售费用"、"营业外支出"等科目,贷记"应交税费——应交增值税"、"应交税费——应交消费税"科目;并按移送使用的货物成本,贷记"库存商品"科目。

【例3-14】 某烟厂为了开拓市场,特制卷烟2箱赠送给有关客户。该批卷烟无同类产品销售价格,已知每箱卷烟的实际成本为15 000元,平均利润率为10%。计算该厂相关的应纳税金,并做出相应的会计处理。

解: 组成计税价格=15 000×2×(1+10%)÷(1-45%)=54 545.45(元)

应纳消费税税额=2×150+54 545.45×45%=24 845.45(元)

应纳增值税销项税额=54 545.45×17%=9 272.73(元)

做会计分录如下:

借:营业外支出	64 118.18
贷:库存商品	30 000
应交税费——应交增值税(销项税额)	9 272.73
应交税费——应交消费税	24 845.45

3. 应税消费品包装物的会计处理

① 随同产品销售而不单独计价的包装物,因其收入已包含在产品销售收入中,故其应交消费税与产品销售一并进行账务处理。

② 随同产品销售而单独计价的包装物,因其收入记入"其他业务收入"科目,则其应交消费税应记入"其他业务成本"科目。纳税人应在销售时按单独计价的包装物的应纳消费税税额,借记"其他业务成本"科目;贷记"应交税费——应交消费税"科目。

【例3-15】 某酒厂销售酒精一批,对随同出售的包装物单独作价,计50 000元(不含税),包装物成本为30 000元,款项已收并存入银行。计算该厂相关的应纳税金,并做出相应的会计处理。

解: 应纳消费税税额=50 000×5%=2 500(元)

应纳增值税销项税额=50 000×17%=8 500(元)

做会计分录如下:

① 实现销售收入时:

借:银行存款	58 500
贷:其他业务收入	50 000
应交税费——应交增值税(销项税额)	8 500

② 计提消费税时:

借:其他业务成本	2 500
贷:应交税费——应交消费税	2 500

③ 结转包装物成本时:

借:其他业务成本	30 000
贷:周转材料	30 000

③ 纳税人出租、出借包装物收取的押金应记入"其他应付款"科目,对包装物逾期未还而没收包装物押金的,应从"其他应付款"科目转入"其他业务收入"科目,并计提消费税,借记"其他业务成本";贷记"应交税费——应交消费税"。

【例 3-16】 某卷烟厂销售烟丝一批,不含税售价 400 000 元,另收取包装物押金 52 650 元,包装物的回收期限为 1 个月。计算该厂相关的应纳税金,并做出相应的会计处理。

解: 应纳消费税税额=400 000×30%=120 000(元)
应纳增值税销项税额=400 000×17%=68 000(元)
包装物押金不征税,则应做会计分录如下:
① 实现销售收入时:

借:银行存款	520 650
贷:主营业务收入	400 000
其他应付款	52 650
应交税费——应交增值税(销项税额)	68 000

② 计提消费税时:

借:营业税金及附加	120 000
贷:应交税费——应交消费税	120 000

若包装物逾期未收回,则应做会计处理如下:
应纳消费税税额=52 650÷(1+17%)×30%=13 500(元)
应纳增值税销项税额=52 650÷(1+17%)×17%=7 650(元)
① 转作其他业务收入时:

借:其他应付款	52 650
贷:其他业务收入	45 000
应交税费——应交增值税(销项税额)	7 650

② 计提消费税时:

借:其他业务成本	13 500
贷:应交税费——应交消费税	13 500

4. 委托加工应税消费品的会计处理

按照税法规定,企业委托加工的应税消费品,由受托方在向委托方交货时代收代缴税款,双方都有涉税处理。受托方按应代收的消费税税额,借记"银行存款"、"应收账款"等科目;贷记"应交税费——代收代缴消费税"科目。委托方将委托加工应税消费品收回后,应分别以下不同情况进行账务处理:

① 委托加工应税消费品收回后直接用于销售的,在提货时支付消费税,销售时不再缴纳消费税。因此,委托方应将负担的消费税直接计入委托加工材料成本,而不通过"应交税费——应交消费税"账户处理,借记"委托加工物资"、"生产成本"等科目;贷记"银行存款"、"应付账款"等科目。

② 委托加工的应税消费品收回后用于连续生产应税消费品的,按规定准予抵扣。委托方应按代扣代缴的消费税税额,借记"应交税费——应交消费税"科目;贷记"银行存款"、"应付账款"等科目。加工成最终应税消费品并销售时,按最终应税消费品应纳税额,借记"营业税金及附加"科目;贷记"应交税费——应交消费税"科目。此时,"应交税费——应交消费税"科目中借、贷方发生额的差额即为纳税人实际应缴纳的消费税税额。

【例3-17】 A化妆品厂委托B日化厂加工一批化妆品,A厂提供的原材料成本为10 000元,B厂收取的加工费为2 000元,增值税税款为340元,并开具增值税专用发票。B厂无同类产品销售价格。分别不同情况计算A厂相关的应纳税金,并做出A厂、B厂相应的会计处理。

解: 第一种情况:A厂收回化妆品半成品后直接对外销售。

A厂(委托方)做会计分录如下:

① 发出材料时:

借:委托加工物资　　　　　　　　　　　　　　　10 000
　　贷:原材料　　　　　　　　　　　　　　　　　　　10 000

② 支付加工费时:

借:委托加工物资　　　　　　　　　　　　　　　2 000
　　应交税费——应交增值税(进项税额)　　　　340
　　贷:银行存款　　　　　　　　　　　　　　　　　　2340

③ 支付代扣代缴消费税时:

组成计税价格=(10 000+2 000)÷(1-30%)=17 142.86(元)

应纳消费税税额=17 142.86×30%=5 142.86(元)

借:委托加工物资　　　　　　　　　　　　　　　5 142.86
　　贷:银行存款　　　　　　　　　　　　　　　　　　5 142.86

④ 委托加工材料收回入库时:

入库价=原材料成本+加工费+消费税税额
　　　 =10 000+2 000+5 142.86=17 142.86(元)

借:库存商品　　　　　　　　　　　　　　　　　17 142.86
　　贷:委托加工物资　　　　　　　　　　　　　　　　17 142.86

收回的委托加工产品直接销售时,不再缴纳消费税。

B厂(受托方)做会计分录如下:

收到加工费、增值税税款及代收代缴的消费税时:

借:银行存款　　　　　　　　　　　　　　　　　7 482.86
　　贷:主营业务收入　　　　　　　　　　　　　　　　2 000
　　　　应交税费——应交增值税(销项税额)　　　340
　　　　应交税费——代收代缴消费税　　　　　　　5 142.86

第二种情况:A厂收回化妆品半成品后,当月全部领用,继续加工成高档化妆品销售,销售额为 50 000 元,款已收回并取得增值税专用发票。

① 发出材料、支付加工费、支付代扣代缴消费税时,会计分录同前。

② 实现化妆品销售时:

借:银行存款　　　　　　　　　　　　　　　　　58 500
　　贷:主营业务收入　　　　　　　　　　　　　　50 000
　　　　应交税费——应交增值税　　　　　　　　　8 500

③ 计提销售化妆品应纳消费税时:

应纳消费税税额 = 50 000 × 30% = 15 000(元)

借:营业税金及附加　　　　　　　　　　　　　　15 000
　　贷:应交税费——应交消费税　　　　　　　　　15 000

④ 缴纳当月消费税时:

实际应纳消费税税额 = 15 000 − 5 142.86 = 9 857.14(元)

借:应交税费——应交消费税　　　　　　　　　　9 857.14
　　贷:银行存款　　　　　　　　　　　　　　　9 857.14

5. 进口应税消费品的会计处理

纳税人进口应税消费品所缴纳的消费税应计入该进口应税消费品的成本。按进口成本连同应纳增值税、消费税,借记"固定资产"、"原材料"、"应交税费——应交增值税(进项税额)"等科目;为了简化核算,关税、消费税可以不通过"应交税费"科目核算,而直接贷记"银行存款"科目。若在特殊情况下,如先提货后缴税时,则可以通过"应交税费"科目核算。

【例 3-18】 某企业从国外进口实木地板一批,进价为 30 000 美元,关税税率假定为 10%,增值税税率为 17%。当日汇率为 100 美元 = 730 人民币。计算该企业相关的应纳税金,并做出相应的会计处理。

解: 应纳关税税额 = 30 000 × 7.3 × 10% = 21 900(元)

组成计税价格 = (30 000 × 7.3 + 21 900) ÷ (1 − 5%) = 253 578.95(元)

应纳增值税税额 = 253 578.95 × 17% = 43 108.42(元)

应纳消费税税额 = 253 578.95 × 5% = 12 678.95(元)

做会计分录如下:

借:原材料　　　　　　　　　　　　　　　　　253 578.95
　　应交税费——应交增值税(进项税额)　　　　43 108.42
　　贷:银行存款　　　　　　　　　　　　　　296 687.37

任务 3.4　消费税的申报

一、纳税义务发生时间

消费税的纳税义务发生时间以不同的货款结算方式或行为发生时间分别予以确定。

① 纳税人生产销售应税消费品的,其纳税义务发生时间的确定有以下几种情况:一是采取赊销和分期收款结算方式的,为销售合同规定的收款日期的当天。二是采取预收货款结算方式的,为发出应税消费品的当天。三是采取托收承付和委托银行收款方式的,为发出应税消费品并办妥托收手续的当天。四是采取其他结算方式的,为收取销售款或取得索取销售款凭据的当天。

② 纳税人自产自用应税消费品的,为移送使用的当天。

③ 纳税人委托加工应税消费品的,为纳税人提货的当天。

④ 纳税人进口应税消费品的,为报关进口的当天。

二、纳税期限

消费税的纳税期限分别为 1 日、3 日、5 日、10 日、15 日或 1 个月。纳税人的具体纳税期限,由主管税务机关根据纳税人应纳税额的大小分别核定;不能按照固定期限纳税的,可以按次纳税。

纳税人以 1 个月为一期纳税的,自期满之日起 15 日内申报纳税;以其他期限为一期纳税的,自期满之日起 5 日内预缴税款,于次月 1 日起 15 日内申报纳税并结清上月应纳税款。

纳税人进口应税消费品的,应当自海关填发税款缴纳书的次日起 7 日内缴纳税款。

三、纳税地点

① 纳税人销售的应税消费品,以及自产自用的应税消费品,除国家另有规定的外,应当向纳税人核算地主管税务机关申报纳税。

② 委托加工的应税消费品,除受托方为个体经营者外,应由受托方向所在地主管税务机关代收代缴消费税。

③ 进口的应税消费品,应由进口人或其代理人在进口报关地向海关申报纳税。

④ 纳税人到外县(市)销售或委托外县(市)代销自产应税消费品的,于应税消费品销售后,回纳税人核算地或所在地缴纳消费税。

⑤ 纳税人的总机构与分支机构不在同一县(市)的,应在生产应税消费品的分支机构所在地缴纳消费税。但经批准,也可由总机构汇总缴纳。

四、纳税申报表的填制

消费税纳税人应按有关规定及时办理纳税申报,并应如实填写《消费税纳税申报表》(见表3-3)。

表3-3 消费税纳税申报表

填表日期： 年 月 日

纳税人识别号：

应税消费品名称	适用税目	应税销售额（数量）	适用税率（单位税额）	当期准予扣除外购应税消费品买价（数量）				外购应税消费品适用税率（单位税额）
				合计	期初库存外购应税消费品买价（数量）	当期购进外购应税消费品买价（数量）	期末库存外购应税消费品买价（数量）	
1	2	3	4	5=6+7-8	6	7	8	9
合计								

应纳消费税		当期准予扣除外购应税消费品已纳税款	当期准予扣除委托加工应税消费品已纳税款			
本期	累计		合计	期初库存委托加工应税消费品已纳税款	当期收回委托加工应税消费品已纳税款	期末库存委托加工应税消费品已纳税款
15=3×4-10 或 3×4-11 或 3×4-10-11	16	10=5×9	11=12+13-14	12	13	14

已纳消费税		本期应补(退)税金额			
本期	累计	合计	上期结算税额	补交本年度欠税	补交以前年度欠税
17	18	19=15-17+20+21+22	20	21	22

截止上年底累计欠税额	本年度新增欠税额	
	本期	累计
23	24	

(续表)

如纳税人填报,由纳税人填写以下各栏		如委托代理人填报,由代理人填写以下各栏		备注
会计主管 (签章)	纳税人 (公章)	代理人名称	代理人 (公章)	
		代理人地址		
		经办人	电话	
以下由税务机关填写				
收到申报表日期		接收人		

【项目小结】

消费税是政府针对消费品征收的税项,可向批发商或零售商征收。销售税是典型的间接税,是在对货物普遍征收增值税的基础上,选择少数消费品再征收的一个税种。消费税是1994年税制改革在流转税中新设置的一个税种。现行消费税的征收范围主要包括:烟、酒及酒精、鞭炮、焰火、化妆品、成品油、贵重首饰及珠宝玉石、高尔夫球及球具、高档手表等。消费税实行价内税,只在应税消费品的生产、委托加工和进口环节缴纳,在以后的批发、零售等环节,因为价款中已包含消费税,因此不用再缴纳消费税,税款最终由消费者承担。计算应交消费税时,根据不同情况,借记"营业税金及附加"、"其他业务成本"、"长期股权投资"、"在建工程"、"营业外支出"、"应付职工薪酬"、"销售费用"、"应收账款"等科目;贷记本科目。实际缴纳时,借记"应交税费——应交消费税"科目;贷记"银行存款"等科目。

【能力训练】

一、单项选择题

1. 对啤酒、黄酒征收消费税,适用的税率是(　　)。
   A. 比例税率　　　　　　　　B. 累进税率
   C. 比例税率和定额税率　　　D. 定额税率
2. 下列各项中,不需要缴纳消费税的是(　　)。
   A. 摩托车　　B. 竹筷子　　C. 实木地板　　D. 汽车轮胎
3. 下列商品的消费税在零售环节征收的是(　　)。
   A. 小汽车　　B. 成品油　　C. 化妆品　　D. 金银首饰
4. 进口应税消费品应按组成计税价格计算纳税。组成计税价格的计算公式为(　　)。
   A. (成本＋利润)÷(1－消费税税率)
   B. (材料成本＋加工费)÷(1－消费税税率)
   C. (关税完税价格＋关税)÷(1－消费税税率)
   D. 销售额÷(1＋征收率)

5. 某酒厂研发生产一种新型粮食白酒 1 000 千克,成本为 17 万元,作为礼品赠送客户,没有同类售价。已知粮食白酒的成本利润率为 10%,则该批酒应纳消费税为(　　)万元。
　　A. 4.26　　　　B. 4.8　　　　C. 7.91　　　　D. 8.20
6. 一位客户向某汽车制造厂(增值税一般纳税人)定购自用汽车一辆,支付货款(含税)250 800 元,另付设计、改装费 30 000 元。该辆汽车计征消费税的销售额为(　　)元。
　　A. 214 359　　B. 240 000　　C. 250 800　　D. 280 800
7. 某企业委托酒厂加工药酒 10 箱,该药酒无同类产品销售价格,委托方提供的原料成本为 2 万元,受托方垫付辅助成本 0.15 万元,另收取加工费 0.4 万元,则该酒厂代收代缴的消费税为(　　)元(以上价格均不含税)。
　　A. 2 550　　　B. 2 833　　　C. 4 817　　　D. 8 500

二、多项选择题

1. 根据消费税法律制度的规定,下列应税消费品中,实行从价定率与从量定额相结合的复合计税方法的有(　　)。
　　A. 烟丝　　　B. 卷烟　　　C. 粮食白酒　　　D. 薯类白酒
2. 根据《消费税暂行条例》的规定,下列各项中,属于消费税征收范围的有(　　)。
　　A. 火车　　　B. 彩电　　　C. 实木地板　　　D. 卷烟
3. 我国现行的消费税适用的税率有(　　)。
　　A. 全额累进税率　　　　　　B. 比例税率
　　C. 超额累进税率　　　　　　D. 定额税率
4. 下列情形的应税消费品中,以同期应税消费品最高销售价格作为计税依据的有(　　)。
　　A. 用于抵偿债务的应税消费品　　B. 用于馈赠的应税消费品
　　C. 换取生产资料的应税消费品　　D. 换取消费资料的应税消费品
5. 下列各项中,可按委托加工应税消费品的规定征收消费税的有(　　)。
　　A. 受托方代垫原料,委托方提供辅助材料
　　B. 委托方提供原料和主要材料,受托方代垫部分辅助材料
　　C. 受托方负责采购委托方所需原材料
　　D. 委托方提供原料、材料和全部辅助材料
6. 下列各项中,应当缴纳消费税的有(　　)。
　　A. 用于本企业连续生产的应税消费品
　　B. 用于奖励代理商销售业绩的应税消费品
　　C. 用于本企业生产基建工程的应税消费品
　　D. 用于捐助国家指定慈善机构的应税消费品

三、业务题

1. 某卷烟厂 8 月份发生如下业务:
① 销售给 A 商场卷烟 1 000 箱,单价 1 500 元;销售给 B 商场同类卷烟 2 000 箱,单

价 1 400 元。

② 当月卷烟厂开发一种新产品卷烟，试生产 100 箱赠送给上级主管部门试用，生产成本每箱 1 200 元。

③ 当月销售用外购已税烟丝生产的卷烟 5 000 箱，每箱含税销售额 900 元。已知外购烟丝的期初库存为 500 000 元，当月购进 2 000 000 元，期末库存为 1 000 000 元。

该厂卷烟适用的税率为 30%，卷烟成本利润率为 5%。计算该卷烟厂应纳消费税税额，并做相应的会计处理。

2. A 酒厂生产销售粮食白酒、黄酒和其他酒。某月份有关业务如下：

① 销售用外购糯米生产的瓶装黄酒 100 吨，每吨不含增值税售价 5 000 元。

② 销售粮食白酒 100 吨，取得不含增值税收入 600 000 元，包装物租金 10 000 元。

③ 销售散装黄酒 19 240 升，取得含增值税价款 126 360 元。

④ 提供价值 120 000 元的粮食委托 B 酒厂加工粮食白酒，支付加工费 25 000 元。本月收回后全部作为酒基用于生产其他酒 10 吨，并全部销售，取得含增值税价款 702 000 元。

计算 A 酒厂该月应纳消费税税额和 B 酒厂代收代缴的消费税税额，并做相应的会计处理。

3. 某日用化妆品厂为增值税一般纳税人，主要生产不同类型的化妆品和一部分护肤护发品。9 月份发生以下经济业务：

① 企业把化妆品和护肤护发品组成套装礼盒一起销售，取得不含增值税销售额 600 000 元。

② 设一门市部（非独立核算），销售本厂生产的化妆品，取得价税合计收入 1 170 000 元。

③ 将自产化妆品作为福利分配给本企业职工，生产成本 20 000 元，本企业无同类产品销售价格。

④ 进口化妆品一批，到岸价 280 000 元，假设关税税率为 50%。

计算该企业当月应纳消费税税额，并做相应的会计处理。

4. 某卷烟厂本月提供一批烟叶委托某烟丝加工厂加工成烟丝。委托合同注明烟叶成本为 160 000 元，加工费为 8 000 元，另由烟丝厂代垫辅助材料 2 500 元。卷烟厂收回烟丝后，其中 30% 直接对外销售，取得不含增值税的销售收入 115 500 元；70% 用于连续生产 40 个标准箱卷烟后销售，取得不含增值税销售额 800 000 元。计算该卷烟厂应纳消费税税额，并做相应的会计处理。

5. 某外贸进出口公司本月从国外进口一批摩托车，到岸价和关税共 450 000 元。当月全部售出，取得含增值税的销售收入 741 195 元。分别计算该公司应纳的增值税和消费税税额，并做相应的会计处理。

项目 4　营业税纳税实务

【学习目标】

知识目标：了解营业税的概念、特点；掌握营业税的基本税制构成要素。

能力目标：能够熟练地计算营业税；掌握营业税的会计核算；能够正确填制《营业税纳税申报表》。

【引导案例】

某县某纺织品有限公司因长期拖欠某供应商货款，经法院裁定，用其所拥有的一处房屋进行抵偿，并由法院委托有资质的拍卖企业进行拍卖，房屋拍卖所得 88 000 元用以抵债。当公司财务人员依据法院裁定、原房屋权属证书、拍卖成交确认书等登记文件向房地产管理部门办理产权转移手续时，却被告知根据与地税部门达成的代征协议规定，对存量房交易环节所涉及的税收要实行一体化管理。也就是说，除有上述法院相关手续外，还应提供地税部门开具的销售不动产发票，对于未报送销售不动产发票的纳税人，不予受理相关产权转移手续。公司财务人员认为其单位只是以房抵债，而未获得实际收入，不应缴纳相关税款。这种想法对不对呢？

任务 4.1　认识营业税

一、营业税概述

营业税是对在中华人民共和国境内提供应税劳务、转让无形资产或销售不动产的单位和个人，就其所取得的营业额征收的一种税。营业税属于流转税制中的一个主要税种。我国现行的营业税具有以下一些特点：

1. 一般以营业额全额为计税依据

营业税属于传统商品劳务税，计税依据为营业额全额，税额不受成本、费用高低影响，对于保证财政收入的稳定增长具有十分重要的作用。

2. 按行业设计税目、税率

营业税实行普遍征收，现行营业税征税范围为增值税征税范围之外的所有经营业务，因而其税率设计的总体水平一般较低。但由于各种经营业务盈利水平高低不同,因此,在税负设计中,一般实行同一行业同一税率,不同行业不同税率。

3. 计算简便,便于征管

由于营业税一般以营业收入额全额为计税依据,实行比例税率,税款随营业收入额的实现而实现,因此,计征简便,有利于节省征纳费用。

二、营业税基本制度

1. 纳税人和扣缴义务人

(1) 纳税人

在中华人民共和国境内提供应税劳务、转让无形资产或者销售不动产的单位和个人,为营业税的纳税义务人。

单位和个体户的员工、雇工在为本单位或雇主提供劳务时,不是营业税纳税人。

对营业税纳税义务人的定义,应注意以下两个问题:一是对"中华人民共和国境内"的理解。中华人民共和国境内是指实际税收行政管理的区域。二是营业税的应税行为是指有偿提供应税劳务、有偿取得无形资产所有权或使用权、有偿转让不动产所有权的行为。

(2) 扣缴义务人

中华人民共和国境外的单位或者个人在境内提供应税劳务、转让无形资产或者销售不动产,在境内未设有经营机构的,以其境内代理人为扣缴义务人;在境内没有代理人的,以受让方或者购买方为扣缴义务人。

扣缴义务人应当向其机构所在地或者居住地的主管税务机关申报缴纳其扣缴的税款。

2. 征税范围

对属于交通运输业(现仅指铁路运输)、建筑业、金融保险业、邮电通信业、文化体育业、娱乐业、服务业税目的应税劳务及转让无形资产或者销售不动产征收。

营业税征税范围与增值税征税范围的划分如下:

① 混合销售行为是指一项销售行为既涉及增值税的范围,又涉及营业税的范围。从事货物的生产、批发或零售的企业、企业性单位及个体经营者的混合销售行为,视为销售货物,不征收营业税,征收增值税;其他单位和个人的混合销售行为,视为提供应税劳务,应当征收营业税。

② 兼营行为是指纳税人既从事营业税应税劳务,又从事增值税应税货物销售或提供增值税应税劳务的行为。纳税人兼营营业税应税劳务与货物或非营业税应税劳务的,应分别核算营业税应税劳务的营业额和货物或非营业税应税劳务的销售额。不分别核算或不能准确核算的,由主管税务机关核定营业额。

3. 税目、税率

营业税实行的是差别比例税率,税率分别为 3%、5%、5%~20% 三个档次。对于国家鼓励发展的行业,如交通运输业、建筑业、邮电通信业、文化体育业的税率为3%;对于在市场经济中迅速发展、盈利水平提高较快的金融保险业、服务业及转让无形资产、销售不动产的税率为5%;对于高消费的娱乐业则实行5%～20%的幅度税率。营业税税目、税率的具体规定见表4-1。

表4-1 营业税税目、税率表

税 目	征收范围	税 率/%
一、交通运输业	铁路运输	3
二、建筑业	建筑、安装、修缮、装饰及其他工程作业	3
三、金融保险业		5
四、邮电通信业		3
五、文化体育业		3
六、娱乐业	歌厅、舞厅、卡拉OK歌舞厅、音乐茶座、台球、高尔夫球、保龄球、游艺	5～20
七、服务业	代理业、旅店业、饮食业、旅游业、仓储业、租赁业、广告业及其他服务	5
八、转让无形资产	转让土地使用权、专利权、非专利技术、商标权、著作权、商誉	5
九、销售不动产	销售建筑物及其他土地附着物	5

4. 税收优惠政策

(1) 起征点

自2011年11月1日起,营业税的起征点为:按期纳税的,为月营业额5 000～20 000元;按次纳税的,为每次(日)营业额300～500元。各省、自治区、直辖市人民政府所属地方税务机关可以在规定的幅度内,根据当地实际情况确定本地区适用的起征点,并报国家税务总局备案。纳税人的营业额未达到规定的起征点的,免征营业税;达到起征点的,全额计征营业税。

(2) 法定免税项目

① 托儿所、幼儿园、养老院、残疾人福利机构提供的育养服务,婚姻介绍,殡葬服务;② 残疾人员个人提供的劳务;③ 医院、诊所和其他医疗机构提供的医疗服务;④ 学校和其他教育机构提供的教育劳务,学生勤工俭学提供的劳务;⑤ 农业机耕、排灌、病虫害防治、植保、农牧保险以及相关技术培训业务,家禽、牧畜、水生动物的配种和疾病防治;⑥ 纪念馆、博物馆、文化馆、美术馆、展览馆、书画院、图书馆、文物保护单位举办文化活动的门票收入,宗教场所举办文化、宗教活动的门票收入。

任务 4.2　营业税的计算

纳税人提供应税劳务、转让无形资产或销售不动产,按照营业额和规定的税率计算营业税应纳税额。其计算公式如下:

应纳税额＝营业额×税率

纳税人的营业额为纳税人提供应税劳务、转让无形资产或者销售不动产向对方收取的全部价款和价外费用。凡价外费用无论会计制度规定如何核算,均应并入营业额计算应纳税额。

一、交通运输业营业税的计算

自 2013 年 8 月 1 日起,除铁路运输业外的其他运输业在全国范围内实行"营改增"试点。因此,交通运输业的营业额是指从事铁路运输的纳税人提供交通劳务所取得的全部运营收入,包括全部价款和价外费用。

【例 4-1】　2013 年 10 月,某铁路部门取得客运收入 84 万元、补票收入 6 万元、补收旅客携带品超重运费收入 5 万元;取得销售货物收入 82 万元、装卸费 6 万元、理货收入 12 万元;本月发生营运费用 56 万元。计算该部门应纳营业税税额。

解:营业额＝84＋6＋5＋82＋6＋12＝195(万元)

应纳营业税税额＝195×3％＝5.85(万元)

二、建筑业营业税的计算

建筑业的征税范围具体包括建筑、安装、修缮、装饰和其他工程作业。

建筑业的营业额为承接建筑、安装、修缮、装饰和其他工程作业向建设单位收取的工程价款及价外费用。但应注意以下几个方面:

① 纳税人将建筑工程分包给其他单位的,以其取得的全部价款和价外费用扣除其支付给其他单位的分包款后的余额为营业额。

② 纳税人提供建筑业劳务(不含装饰劳务)的,其营业额应当包括工程所用原材料、设备及其他物资和动力价款在内,但不包括建设方提供的设备价款。

③ 自建行为是指纳税义务人自己建造房屋的行为。纳税人自建自用的房屋不纳税;纳税人将自建的房屋对外销售(不包括个人自建自用住房销售),其自建行为应按建筑业缴纳营业税,再按销售不动产征收营业税。

【例 4-2】　A 建筑公司承包一项工程,工程总造价为 3 500 万元,将其中 1 000 万元土建工程分包给 B 施工企业。由于市场原材料价格上涨以及该工程提前竣工,建设单位付给 A 建筑公司材料价差款 500 万元,提前竣工奖 100 万元。A 建筑公司将其中的材料价差款 100 万元和提前竣工奖 50 万元付给 B 企业。计算 A 建筑公司的应纳营业税及其代扣 B 企业的营业税。

解：A 公司应纳营业税税额＝[(3 500－1 000)＋(500－100)＋(100－50)]×3％＝88.5(万元)

A 公司代扣 B 企业的营业税税额＝(1 000＋100＋50)×3％＝34.5(万元)

三、金融保险业营业税的计算

1. 金融业营业额的确定

① 一般贷款业务的营业额为贷款的利息收入(包括各种加息和罚息)。

② 外汇、有价证券、期货等金融商品买卖业务，以卖出价减去买入价后的余额为营业额。卖出价是指卖出原价，不得扣除卖出过程中支付的各种费用和税金。买入价是指购进原价，不包括购进过程中支付的各种费用和税金。

③ 金融经纪业务和其他金融业务(中间业务)营业额为手续费(佣金)类的全部收入。金融企业从事委托收款业务，如代收电话费、水电煤气费、信息费、学杂费、寻呼费、社保统筹费、交通违章罚款、税款等，以全部收入减去支付给委托方价款后的余额为营业额。

2. 保险业营业额的确定

① 办理初保业务。其营业额为纳税人经营保险业务向对方收取的全部价款，即向被保险人收取的全部保险费。

② 储金业务。保险公司采取收取储金方式取得经济利益的(以被保险人所交保险资金的利息收入作为保费收入，保险期满后将保险资本金返还被保险人)，其储金业务的营业额为纳税义务人在纳税期内的储金平均余额乘以人民银行公布的一年期存款的月利率。储金平均余额为纳税期期初储金余额与期末储金余额之和乘以 50％。

③ 保险公司开展无赔偿奖励业务的，以向投保人实际收取的保费为营业额。

④ 中华人民共和国境内的保险人将其承保的以境内标的物为保险标的的保险业务向境外再保险人办理分保的，以全部保费收入减去分保保费后的余额为营业额。境外再保险人应就其分保收入承担营业税纳税义务，并由境内保险人扣缴其应缴纳的营业税税款。

【例 4-3】 某金融机构某年一季度取得贷款业务利息收入 200 万元，吸收存款利息支出 80 万元。计算该机构本季度的营业税。

解：应纳营业税税额＝200×5％＝10(万元)

四、邮电通信业营业税的计算

邮政业务营业额是指提供传递函件或包件、邮汇、报刊发行、邮务物品销售、邮政储蓄和其他邮政业务取得的收入。

电信业务营业额是指提供电报、电话、电传、电话机安装、电信物品销售、其他电信业务的收入。

【例 4-4】 某市电信部门 11 月份发生下列业务：长途话费收入 1 000 万元，市内话费收入 1 800 万元,电话机安装收入 10 万元,销售电话机收入 20 万元,电话咨询服务收入 280 万元,宽带业务收入 50 万元。计算该部门本月应缴纳的营业税。

解:应纳税额=(1 000+1 800+10+20+280+50)×3%=94.8(万元)

五、文化体育业营业税的计算

文化业是指从事文化活动的业务。"营改增"以前包括表演、播映、其他文化业。自 2013 年 8 月 1 日起,播映属于广播影视服务,在全国范围内实行"营改增"试点。

体育业是指举办各种体育比赛和为体育比赛或体育活动提供场所的业务。

文化体育业的营业额就是指纳税人经营文化业、体育业取得的全部收入,其中包括演出收入、其他文化收入、经营游览场所收入和体育收入。

【例 4-5】 2013 年 10 月,某体育馆发生如下业务:举办文艺演出取得门票收入 20 000 元,举办体育比赛取得门票收入 50 000 元。计算该体育馆 10 月份应缴纳的营业税。

解:应纳营业税税额=(20 000+50 000)×3%=2 100(元)

六、娱乐业营业税的计算

娱乐业的征税范围具体包括歌厅、舞厅、卡拉 OK 歌舞厅、音乐茶座、台(桌)球、高尔夫球、保龄球、游艺、网吧等。

娱乐业的营业额为经营娱乐业向顾客收取的各项费用,包括门票收费、台位费、点歌费、烟酒和饮料收费及经营娱乐业的其他各项收费。

【例 4-6】 某卡拉 OK 歌舞厅 11 月份共取得门票收入 40 000 元,点歌费 3 000 元,还有销售烟酒饮料收入 10 000 元。计算该卡拉 OK 歌舞厅应纳营业税税额(经当地税务机关核定,OK 厅适用税率为 15%)。

解:应纳税额=(40 000+3 000+10 000)×15%=7 950(元)

七、服务业营业税的计算

"营改增"之前,本税目的征税范围具体包括代理业、旅店业、饮食业、旅游业、仓储业、租赁业、广告业、其他服务业。自 2013 年 8 月 1 日起,部分现代服务改征增值税,具体包括研发和技术服务、信息技术服务、文化创意服务、物流辅助服务、有形动产租赁服务、签证咨询服务、广播影视服务。

① 代理业以纳税人从事代理业务向委托方实际收取的报酬为营业额。

② 旅游业以其取得的全部价款和价外费用扣除替旅游者支付给其他单位或者个人的住宿费、餐费、交通费、旅游景点门票和支付给其他接团旅游企业的旅游费后的余额为营业额。

【例 4-7】 某旅游公司某月在境内组织旅游,取得收入 125 000 元,其中包括代旅游者支付给其他单位的房费、餐费、交通费、门票等费用 72 000 元;在境内组团出境旅游,到境外由外国旅游公司接团,共取得收入189 000元,其中支付给境外旅游公司109 000元。计算该公司该月应缴纳的营业税。

解: 应纳营业税税额=(125 000－72 000＋189 000－109 000)×5‰＝6 650(元)

八、转让无形资产

转让无形资产的营业额是向对方收取的全部价款及价外费用。

① 以无形资产投资入股,参与受资方的利润分配,共担风险的行为免征营业税;以无形资产投资为条件,按照销售额或营业额的一定比例提取应得的转让费或取得固定收入的,应按转让无形资产税目征收营业税。

② 单位和个人转让其受让的土地使用权,以全部收入减去土地使用权的受让原价后的余额为营业额。

③ 单位和个人转让抵债所得的土地使用权,以全部收入减去抵债时该项土地使用权作价后的余额为营业额。

九、销售不动产营业税的计算

其营业额为销售不动产的销售额,包括向对方收取的全部价款及价外费用。

① 以不动产投资入股,参与受资方的利润分配,共担风险的行为免征营业税;以不动产投资为条件,按照销售额或营业额的一定比例提取应得的转让费或取得固定收入的,应征收营业税。

② 单位和个人转让其购置的不动产,以全部收入减去不动产的购置或受让原价后的余额为营业额。

③ 单位和个人转让抵债所得的不动产,以全部收入减去抵债时该项不动产作价后的余额为营业额。

【例4-8】 某工业企业对外销售一栋建筑物,其原值500万元,出售取得收入460万元。计算该企业应缴纳的营业税。

解: 应纳营业税税额＝460×5‰＝23(万元)

任务4.3　营业税的核算

为正确反映和核算营业税有关纳税事项,纳税人应在"应交税费"科目下设置"应交营业税"明细科目。该科目贷方核算企业按规定应缴纳的营业税,借方核算纳税人实际缴纳的营业税;期末贷方余额反映尚未缴纳的营业税,借方余额反映多缴的营业税。

企业计算应交营业税时,借记"营业税金及附加"科目,若应税行为在企业属其他业务(非主营业务),则借记"其他业务成本"科目,若属因固定资产处置应缴纳的营业税,则应借记"固定资产清理"科目;贷记"应交税费——应交营业税"科目。实际缴纳时,借记"应交税费——应交营业税"科目;贷记"银行存款"等科目。

【例4-9】 承例4-1,做出该部门相应的会计处理。

解:确认收入时:

借:银行存款　　　　　　　　　　　　　　　　1 950 000
　　贷:主营业务收入　　　　　　　　　　　　　　1 950 000

支付成本时:

借:主营业务成本　　　　　　　　　　　　　　　560 000
　　贷:银行存款　　　　　　　　　　　　　　　　560 000

计提税金时:

借:营业税金及附加　　　　　　　　　　　　　　58 500
　　贷:应交税费——应交营业税　　　　　　　　　58 500

【例4-10】 承例4-2,做出该公司相应的会计处理。

解:确认收入时:

借:银行存款　　　　　　　　　　　　　　　　41 000 000
　　贷:主营业务收入　　　　　　　　　　　　　　29 500 000
　　　　应付账款　　　　　　　　　　　　　　　11 500 000

计提税金时:

借:营业税金及附加　　　　　　　　　　　　　　885 000
　　贷:应交税费——应交营业税　　　　　　　　　885 000

代扣B公司营业税时:

借:应付账款　　　　　　　　　　　　　　　　11 500 000
　　贷:银行存款　　　　　　　　　　　　　　　11 155 000
　　　　应交税费——应交营业税　　　　　　　　　345 000

上交税金时:

借:应交税费——应交营业税　　　　　　　　　1 230 000
　　贷:银行存款　　　　　　　　　　　　　　　1 230 000

【例4-11】 承例4-3,做出该机构相应的会计处理。

解:借:营业税金及附加　　　　　　　　　　　　　100 000
　　　贷:应交税费——应交营业税　　　　　　　　　100 000

借:应交税费——应交营业税　　　　　　　　　100 000
　　贷:银行存款　　　　　　　　　　　　　　　　100 000

【例4-12】 承例4-8,做出该企业相应的会计处理。

解:借:固定资产清理　　　　　　　　　　　　　　230 000
　　　贷:应交税费——应交营业税　　　　　　　　　230 000

任务 4.4　营业税的申报

1. 纳税义务发生时间

营业税的纳税义务发生时间为纳税人收讫营业收入款项或者取得索取营业收入款项凭据的当天;纳税人转让土地使用权和销售不动产,采用预收款方式的,其纳税义务发生时间为收到预收款的当天;纳税人销售自建建筑物的,其自建行为的纳税义务发生时间为收讫销售额或取得索取销售额凭据的当天;纳税人将不动产无偿赠与他人的,其纳税义务发生时间为不动产所有权转移的当天。

2. 纳税期限

营业税的纳税期限,由主管税务机关依据纳税人应纳税款大小分别核定为 5 日、10 日、15 日、1 个月或者一个季度;不能按期纳税的,可按次纳税。

以 1 个月或者一个季度为一期的纳税人,于期满后 15 日内申报纳税;以 5 日、10 日或 15 日为一期的纳税人,自期满后的 5 日内预缴税款,于次月 1 日起 15 日内申报纳税并结清上月应纳税款。

3. 纳税地点

纳税人应当向应税劳务发生地、土地或不动产所在地的主管税务机关申报纳税;而自应当申报纳税之月起超过 6 个月没有申报纳税的,由其机构所在地或者居住地的主管税务机关补征税款。

4. 纳税申报表的填制

营业税纳税人应按有关规定及时办理纳税申报,并应如实填写《营业税纳税申报表》(见表 4-2)。

表4-2 营业税纳税申报表
(适用于查账征收的营业税纳税人)

纳税人识别号：
纳税人名称(公章)：
税款所属时间：自 年 月 日 至 年 月 日　　填表日期： 年 月 日　　金额单位：元(列至角分)

税目	营业额				税率/%	本期税款计算			期初欠缴税额	前期多缴税额	本期已缴税额				本期应缴税额计算		
	应税收入	应税减除项目金额	应税营业额	免税收入		小计	本期应纳税额	免(减)税额			小计	已缴本期应纳税额	本期已被扣缴税额	本期已缴欠缴税额	小计	本期期末应缴税额	本期期末欠缴税额
	1	2	3	4=2-3	5	6	7=8+9	8=4×6	9=5×6	10	11	12=13+14+15	13	14	15	16=17+18	17=8-13-14	18=10-11-15
交通运输业																		
建筑业																		
邮电通讯业																		
服务业																		
娱乐业																		
金融保险业																		
文化体育业																		
销售不动产																		
转让无形资产																		

（续表）

税目	营业额			税率/%	本期税款计算			税款缴纳				本期应缴税额计算	
	应税收入	应税减除项目金额	应税营业额	免税收入	小计	本期应纳税额	免(减)税额	期初欠缴税额	前期多缴税额	本期已缴税额		本期应缴期末税额	本期期末应缴欠缴税额
										小计	已缴本期应纳税额	本期已被扣缴税额	本期已缴欠缴税额
合　计													
代扣代缴项目													
总　计													

纳税人或代理人声明：

此纳税申报表是根据国家税收法律的规定填报的，我确定它是真实的、可靠的、完整的。

办税人员（签章）：	如纳税人填报，由纳税人填写以下各栏：		
	财务负责人（签章）	法定代表人（签章）	联系电话
代理人名称	如委托代理人填报，由代理人填写以下各栏：		
	经办人（签章）		联系电话
			代理人（公章）

以下由税务机关填写：

受理人：　　　　　　　　　　　　　　　　　　　　　　　　　受理税务机关（签章）：

　　　　　　　　　　　　　　　　　　　　　　　　　　　　　　年　　月　　日

本表为A3横式一式三份，一份纳税人留存，一份主管税务机关留存，一份征收部门留存。

【项目小结】

营业税是对在中华人民共和国境内提供应税劳务、转让无形资产或销售不动产的单位和个人，就其所取得的营业额征收的一种税。2013年8月1日，"营改增"在全国范围内开始试点，营业税的征税范围开始缩减，目前其征税范围包括交通运输业（现仅指铁路运输）、建筑业、金融保险业、邮电通信业、文化体育业、娱乐业、服务业（不包括部分现代服务业）、转让无形资产或者销售不动产。营业税实行的是差别比例税率，税率分别为3%、5%、5%～20%三个档次。营业税应纳税额的计算公式为：应纳税额＝营业额×税率，其中营业额是纳税人提供应税劳务、转让无形资产或者销售不动产向对方收取的全部价款和价外费用。凡价外费用无论会计制度规定如何核算，均应并入营业额计算应纳税额。为正确反映和核算营业税有关纳税事项，纳税人应在"应交税费"科目下设置"应交营业税"明细科目。该科目贷方核算企业按规定应缴纳的营业税，借方核算纳税人实际缴纳的营业税；期末贷方余额反映尚未缴纳的营业税，借方余额反映多缴的营业税。营业税纳税人必须在规定的期限内，向主管税务机关办理纳税申报。

【能力训练】

一、单项选择题

1. 下列行为中，不应缴纳营业税的有（　　）。
   A. 发生在境内的应税劳务　　　　B. 在境内组织旅客出境旅游
   C. 销售境内的不动产　　　　　　D. 境内保险机构为出口货物提供的保险

2. 对于销售自建建筑物，《营业税法》规定（　　）。
   A. 不征税　　　　　　　　　　　B. 按建筑业征收
   C. 按销售不动产征税　　　　　　D. 征收销售不动产和建筑业营业税

3. 下列各项中，不征收营业税的是（　　）。
   A. 转让商标权　　　　　　　　　B. 销售不动产
   C. 出租一栋房产　　　　　　　　D. 提供汽车修理业务

4. 某娱乐城适用20%的营业税税率，本月门票收入60万元，台位费收入40万元，向顾客出售烟酒收入50万元，则该娱乐城本月应交营业税（　　）万元。
   A. 10　　　　B. 30　　　　C. 20　　　　D. 12

5. 根据《营业税暂行条例》的规定，纳税人销售不动产，其申报缴纳营业税的地点是（　　）。
   A. 纳税人居住地　　　　　　　　B. 不动产所在地
   C. 销售不动产行为发生地　　　　D. 纳税人经营所在地

6. 某运输企业从事联运业务，当月营运收入300万元，各项成本支出200万元，联运业务付给国外运输企业50万元,其当月应缴纳的营业税税额为( )万元。

  A. 15 000   B. 60 000   C. 90 000   D. 35 000

二、多项选择题

1. 下列各项中,属于营业税纳税范围的是( )。
  A. 所销售的不动产在境内
  B. 在境内组织旅客出境旅游
  C. 境内保险机构为出口货物提供保险
  D. 境外保险机构以境内物品为标的提供的保险

2. 下列应计征营业税的包括( )。
  A. 销售不动产取得的全部价款和价外费用
  B. 提供应税劳务取得的全部价款和价外费用
  C. 转让无形资产取得的全部价款和价外费用
  D. 加工、修理取得的全部价款和价外费用

3. 按现行《营业税暂行条例》的规定,适用5%营业税税率的业务有( )。
  A. 饮食业   B. 转让无形资产   C. 交通运输业   D. 金融保险业

4. 娱乐业的营业额为经营娱乐业向顾客收取的各项收费,包括( )。
  A. 门票收入   B. 台位费收入
  C. 点歌费收入   D. 烟酒和饮料费收入及其他各项收入

5. 某宾馆的经营范围包括住宿、餐饮、歌舞、台球以及代办机票、车票、船票业务,代办长途电话、市内电话业务,则该宾馆应按( )税目纳税。
  A. 服务业   B. 娱乐业   C. 邮电通信业   D. 运输业

三、业务题

1. 某建筑公司4月份工程承包收入100万元,其中支付给工程队分包工程价款10万元,以银行存款兑现。计算该公司本月应纳营业税税额,并做出相应的会计处理。

2. 某公园本月取得营业收入10 000元,其中门票收入6 000,附设卡拉OK舞厅收入4 000元(该地娱乐业营业税税率为20%)。计算本月该公园应纳营业税税额,并做出相应的会计处理。

3. 某工业企业对外销售一栋建筑物,其原值500万元,已使用8年,计提折旧80万元。出售取得收入460万元,发生清理费用2万元。计算该企业应纳的营业税税额,并做出相应的会计处理。

项目 5　关税纳税实务

【学习目标】

知识目标：了解关税的概念和特点；掌握关税的基本税制构成要素及应纳税额的计算；熟悉关税的会计核算方法以及纳税申报表的填写。

能力目标：会正确计算进（出）口关税的应纳税额；会正确处理关税的纳税申报事宜。

【引导案例】

海关总署发布通知，国务院关税税则委员会决定，对新完成原产地标准磋商的 10 项香港原产商品和 1 项澳门原产商品，自 2011 年 7 月 1 日起实施零关税。

据财政部透露，该安排是根据《内地与香港关于建立更紧密经贸关系的安排》和《内地与澳门关于建立更紧密经贸关系的安排》及其补充协议的规定而指定的，上述两项安排分别于 2003 年 6 月和 10 月签署。

据了解，该办法的总体目标是逐步减少或取消中国内地和港澳地区之间实质上所有货物贸易的关税和非关税壁垒；逐步实现服务贸易的自由化，减少或取消实质上所有歧视性措施；促进贸易投资便利化。

任务 5.1　认识关税

一、关税概述

关税是海关依法对进出国境或关境的货物或物品所征收的一种税，是一种流转税。

国境和关境是两个不同的概念，它们既有联系，又有区别。所称国境，是指一个国家的领土范围。所称关境，是指一个国家的海关法令完全实施的境域。一般情况下，一个国家的国境与关境是一致的，但当一个国家在国境内设立自由贸易港、自由贸易区、保税区、保税仓库时可以免征关税，这时该国的关境就小于国境；当几个国家结成关税同盟，成员国之间相互取消关税，对外实行共同的关税税则时，就其成员国而言，关境就大于国境。我国现行关税基本制度是 2003 年 11 月由国务院发布的《中华人民共和国进出口关税条例》。

关税与增值税、消费税相比，均属于对商品的征税。它们的区别在于，增值税和消费税是对国内生产或消费的商品征税；关税是对进出国境或关境的商品征税。从这个意义上说，增值税和消费税可以称作国内商品税，关税可以称作进出口商品税。

二、关税基本制度

1. 纳税义务人

贸易性商品的纳税义务人是经营进出口货物的收、发货人，具体是指依法取得对外贸易经营权，并进口或者出口货物的法人或者其他社会团体，如外贸进出口公司、工贸或农贸结合的进出口公司、有自营出口权的生产企业。

物品的纳税人是物品的持有人、所有人或收件人。它具体包括：入境旅客随身携带的行李和物品的持有人；各种运输工具上服务人员入境时携带的自用物品的持有人；进口个人邮件的收件人；馈赠物品以及以其他方式入境个人物品的所有人。

2. 征税对象

关税的征税对象为进出我国国境或关境的货物和物品。其征税范围具体包括三个方面，即进口货物、出口货物和入境物品。所谓货物，通常是指贸易性商品；所谓物品，通常是指非贸易性物品，包括一切入境旅客随身携带的行李和物品、各种运输工具上服务人员随身携带进口的自用物品、个人邮递物品、馈赠物品及以其他方式入境的个人物品。

3. 税率

（1）进出口税则

进出口税则是一国政府根据国家关税政策和经济政策，通过一定的立法程序制定、公布实施的进出口货物和物品应税的关税税率表。进出口税则以税率表为主体，通常还包括实施税则的法令、使用税则的有关说明和附录。

税率表作为税则主体，包括税则商品分类目录和税率栏两大部分。税则商品分类目录是把种类繁多的商品加以综合，按照其不同特点分门别类简化成数量有限的商品类目，分别编号按序排列，称为税则号列，并逐号列出该号中应列入的商品名称。海关总署关税征管司编写的《2014年中华人民共和国进出口税则》自2014年1月1日起实施。

（2）关税税率

关税税率是整个关税制度的核心要素。《中华人民共和国进出口关税条例》第九条规定，进口关税设置最惠国税率、协定税率、特惠税率、普通税率、关税配额税率等，对进口货物在一定期限内可以实行暂定税率；出口关税设置出口税率，对出口货物在一定期限内可以实行暂定税率。

① 最惠国税率适用原产于与我国共同适用最惠国待遇条款的世界贸易组织成员国或地区的进口货物，或原产于与我国签订有相互给予最惠国待遇条款的双边贸易协定的国家或地区的进口货物，以及原产于我国境内的进口货物。

② 协定税率适用原产于我国参加的含有关税优惠条款的区域性贸易协定有关缔约

方的进口货物。

③ 特惠税率适用原产于与我国签订有特殊优惠关税协定的国家地区的进口货物。

④ 普通税率适用原产于上述国家或地区以外的国家或地区的进口货物。

按照普通税率征税的进口货物,经国务院关税税则委员会特别批准,可以适用最惠国税率。适用最惠国税率、协定税率、特惠税率的国家或地区名单,由国务院关税税则委员会决定。

关税配额税率是指对实行关税配额管理的进口货物,关税配额内的,适用关税额税率;关税配额外的,按不同情况分别适用最惠国税率、协定税率、特惠税率或普通税率。

值得注意的是,确定原产地(原产国),是为了对产自不同国家或地区的货物使用不同的税率,以促进我国对外贸易的发展。我国确定原产地采用的是国际上通用的"全部产地生产标准"和"实质性加工标准"。

4. 税收优惠政策

法定减免关税有以下六种货物、物品:① 无商业价值的广告品和货样;② 外国政府、国际组织无偿赠送的物资;③ 在海关放行前遭受损坏或者损失的货物;④ 规定数额以内的物品;⑤ 法律规定减征、免征的其他货物、物品;⑥ 中华人民共和国缔结或者参加的国际条约规定减征、免征关税的货物、物品。

特定减免税和临时减免税的范围和办法由国务院制定。目前已实行减免税的项目有:① 科教用品;② 残疾人专用品;③ 小轿车和轻型客车国产化;④ 救灾物资;⑤ 三资企业;⑥ 内资项目;⑦ 利用国际金融组织和外国政府贷款项目;⑧ 加工贸易设备。

任务5.2 关税的计算

一、关税的完税价格

关税的完税价格是计算关税应纳税额的依据。《中华人民共和国海关法》(以下简称《海关法》)规定,进出口货物的完税价格,由海关以该货物的成交价格为基础审查确定。成交价格不能确定时,由海关依法估定。

1. 一般进口货物的完税价格

进口货物以海关审定的成交价格为基础的到岸价格作为完税价格。到岸价格包括货价,加上货物运抵我国境内输入地点起卸前的包装费、运费、保险费和其他劳务费用。输出国征收的出口税以及买方付给国外有确切凭证的佣金、劳务费,进口方已在国内制造、使用、出版、发行、播映为目的而向境外卖方支付的与该进口货物有关的专利、商标、著作权、专用技术、计算机软件等费用,应包括在到岸价格内。但卖方付给买方的佣金、回扣、工业设施、机械设备类货物进口后发生的基建、安装、调试、技术指导等费用要从到岸价格内扣除。

如果进口货物的成交价格经海关审查未能确定,或者因进口人申报的成交价格明显低于境内其他单位进口的大量成交的相同或类似货物的价格,或明显低于海关掌握的相同或类似货物的国际市场公开成交货物的价格,而又不能提供合法证据和正当理由,致使海关不接受进口人申报的成交价格,这时,海关可依次以下列价格为基础估定完税价格:

① 相同货物成交价格方法。即以该项进口货物同时或大约同时进口的相同货物的成交价格为基础,估定完税价格。相同货物是指与进口货物在同一出口国家或地区生产的,在物理性质、质量和信誉等所有方面都相同的货物,但表面的微小差异允许存在。

② 类似货物成交价格方法。即以该项进口货物同时或大约同时进口的类似货物的成交价格为基础,估定完税价格。类似货物是指与进口货物在同一出口国家或地区生产的,虽然不是在所有方面都相同,但却具有相似的特征、相似的组成材料、同样的功能,并且在商业中可以互换的货物。

③ 倒扣价格方法。即以该项进口货物、相同或类似进口货物在境内销售的价格为基础,估定完税价格。按该价格销售的货物应当同时符合五个条件,即在被估货物进口时或大约同时销售;按照进口时的状态销售;在境内第一环节销售;合计的货物销售总量最大;向境内无特殊关系方的销售。

④ 计算价格方法。即按下列各项的总和计算出的价格估定完税价格:

一是生产该货物所使用的原材料价值和进行装配或其他加工的费用。二是与向境内出口销售同等级或同种类货物的利润、一般费用相符的利润和一般费用。三是货物运抵境内输入地点起卸前的运输及相关费用、保险费。

⑤ 合理估价方法。按照上述次序仍不能确定货物的完税价格时,由海关按照其他合理的方法估定。在估价时,应当根据《中华人民共和国海关审定进出口货物完税价格办法》(以下简称《完税价格办法》)规定的估价原则,以在境内获得的数据资料为基础估定完税价格,但不得使用以下价格:一是境内生产的货物在境内的销售价格;二是可供选择的价格中较高的价格;三是货物在出口地市场的销售价格;四是以计算价格方法规定的有关各项之外的价值或费用计算的价格;五是出口到第三国或地区的货物的销售价格;六是最低限价或武断虚构的价格。

2. 特殊进口货物的完税价格

(1) 运往境外加工的货物

运往境外加工的货物,出境时已向海关报明,并在海关规定期限内复运进境的,应当以海关审定的境外加工费和料件费,以及该货物复运进境的运输及其相关费用、保险费估定完税价格。

(2) 运往境外修理的货物

运往境外修理的机械器具、运输工具或者其他货物,出境时已向海关报明,并在海关规定期限内复运进境的,应当以海关审定的境外修理费和料件费,以及该货物复运进境的运输及其相关费用、保险费估定完税价格。

(3) 租赁方式进口的货物

租赁方式进口的货物中,以租金方式对外支付的租赁货物,在租赁期间以海关审定的租金作为完税价格;留购的租赁货物,以海关审定的留购价格作为完税价格;承租人申请一次性缴纳税款的,经海关同意,按照一般进口货物估价办法的规定估定完税价格。

(4) 暂时进境货物

对于海关批准的暂时进境的货物,应当按照一般进口货物估价办法的规定,估定其完税价格。

(5) 留购的进口货样等

对于境内留购的进口货样、展览品和广告陈列品,以海关审定的留购价格作为完税价格。

(6) 予以补税的减免税货物

减税或免税进口的货物需予以补税时,应当以海关审定的该货物原进口时的价格,扣除折旧部分价值作为完税价格。

(7) 以其他方式进口的货物

以易货贸易、寄售、捐赠、赠送等其他方式进口的货物,应当按照一般进口货物估价办法的规定,估定完税价格。

3. 出口货物的完税价格

出口货物的完税价格,是海关以该货物向境外销售的成交价格为基础审查确定的离岸价格,包括货物运至我国境内输出地点装载前的运输及其相关费用和保险费,但其中包含的出口关税税额应当扣除。

出口货物成交价格中含有支付给境外的佣金,如与货物的离岸价格分列,应予以扣除;未单独列明的,则不予扣除。

出口货物的成交价格不能确定时,完税价格由海关依次参照下列价格予以估定:

① 同时或大约同时向同一国家或地区出口的相同货物的成交价格。

② 同时或大约同时向同一国家或地区出口的类似货物的成交价格。

③ 根据境内生产相同或类似货物的成本、利润、一般费用、境内发生的运输及其相关费用、保险费计算所得的价格。

④ 按照合理方法估定的价格。

二、应纳税额的计算

1. 从价税的计算

关税税额=应税进(出)口货物数量×单位完税价格×适用税率

【例 5-1】 某企业从日本进口一批电子零件,成交价格为 550 万元,而日本出口方出售该批货物的国际市场价格为 700 万元。另外,该企业承担了该批零件的包装材料费 50 万元,同时,该企业支付给出口方零件进口后的技术服务费用 150 万元。已知电子零件的进口关税税率为 10%。计算该企业进口该批电子零件的应纳关税税额。

解：应纳关税税额=(700+50)×10%=75(万元)

2. 从量税的计算

关税税额=应税进(出)口货物数量×单位货物税额

3. 复合税的计算

我国目前的复合关税都是先计征从量税,再计征从价税。

关税税额=应税进(出)口货物数量×单位货物税额+
应税进(出)口货物数量×单位完税价格×适用税率

4. 滑准税的计算

关税税额=应税进(出)口货物数量×单位完税价格×滑准税税率

任务5.3 关税的核算

一、工业企业的会计处理

1. 进口关税的会计处理

工业企业通过外贸企业代理或直接从国外进口原材料和设备,应支付的进口关税,一般可以不通过"应交税费"科目核算,而是直接借记"材料采购"、"原材料"、"在建工程"等科目;贷记"银行存款"、"应付账款"等科目。

【例5-2】 某工业企业进口A材料需100 000美元,当日的外汇牌价为8.40。应付进口关税40 000元,该企业已对外付汇,材料已验收入库。代征增值税税率为17%。做出该企业相应的会计处理。

解：① 购入现汇时：

借：银行存款——美元户　　　　　　　　　　　840 000
　　贷：银行存款——人民币户　　　　　　　　　　840 000

② 对外付汇,支付进口关税、增值税,计算进口A材料的采购成本时：

A材料的采购成本=840 000+40 000=880 000(元)

应纳增值税税额=880 000×17%=149 600(元)

借：材料采购——A材料　　　　　　　　　　　880 000
　　应交税费——应交增值税(进项税额)　　　149 600
　　贷：银行存款——美元户　　　　　　　　　　　840 000
　　　　　　　　——人民币户　　　　　　　　　　189 600

③ 验收入库时：

借：原材料——A材料　　　　　　　　　　　　880 000
　　贷：材料采购——A材料　　　　　　　　　　　880 000

2. 出口关税的会计处理

工业企业出口产品应缴纳出口关税，支付时可直接借记"营业税金及附加"科目；贷记"银行存款"、"应付账款"等科目。

二、外贸企业的会计处理

1. 自营进出口业务关税的会计处理

外贸企业自营进口业务所计缴的关税，在会计核算上是通过设置"应交税费——应交进口关税"和"材料采购"科目加以反映的。应缴纳的进口关税，借记"材料采购"科目，贷记"应交税费——应交进口关税"科目；实际缴纳时，借记"应交税费——应交进口关税"科目，贷记"银行存款"科目。也可不通过"应交税费——应交进口关税"科目核算，而直接借记"材料采购"科目；贷记"银行存款"、"应付账款"等科目。

外贸企业自营出口业务所计缴的关税，在会计核算上是通过设置"应交税费——应交出口关税"和"营业税金及附加"科目加以反映的。应缴纳的出口关税，借记"营业税金及附加"和"应交税费——应交出口关税"科目；实际缴纳时，借记"应交税费——应交出口关税"科目，贷记"银行存款"科目。国家为了鼓励出口，一般情况下，不征收出口关税。

【例 5-3】 某外贸公司从国外自营进口商品一批，到岸价格折合人民币为 600 000 元，进口关税税率为 30%，代征增值税税率为 17%，计算关税税额为 180 000 元，增值税税额为 132 600 元。根据海关开出的专用缴款书，以银行转账支票付讫税款。做出该公司相应的会计处理。

解：① 计提关税时：

借：材料采购　　　　　　　　　　　　　　　　780 000
　　贷：应交税费——应交进口关税　　　　　　　　180 000
　　　　应付账款　　　　　　　　　　　　　　　600 000

② 实际支付关税和增值税时：

借：应交税费——应交进口关税　　　　　　　　180 000
　　应交税费——应交增值税（进项税额）　　　　132 600
　　贷：银行存款　　　　　　　　　　　　　　　312 600

③ 商品验收入库时：

借：库存商品　　　　　　　　　　　　　　　　780 000
　　贷：材料采购　　　　　　　　　　　　　　　780 000

2. 代理进出口业务关税的会计处理

外贸企业作为受托方代理进出口业务，一般不垫付货款，大多以收取手续费形式为委托方提供代理服务。因此，由于进出口而计缴的关税均由委托单位负担，外贸企业即使向海关缴纳了关税，也只是代垫或代付，日后仍要从委托方收回。

代理进出口业务所计缴的关税，在会计核算上也是通过设置"应交税费"科目来反映的,其对应科目是"应付账款"或"预收账款"、"应收账款"、"银行存款"等科目。

【例 5-4】 某生产企业委托某外贸公司代理出口一批商品,我国口岸离岸价格折合人民币为 360 000 元,出口关税税率为 20%,计算应缴出口关税为 60 000 元,手续费为 12 000 元。做出该企业相应的会计处理。

解:① 计算应缴出口关税时:

借:应收账款　　　　　　　　　　　　　60 000
　　贷:应交税费——应交出口关税　　　　　　　　60 000

② 缴纳出口关税时:

借:应交税费——应交出口关税　　　　　60 000
　　贷:银行存款　　　　　　　　　　　　　　　　60 000

③ 应收手续费时:

借:应收账款　　　　　　　　　　　　　12 000
　　贷:其他业务收入——代购代销收入　　　　　　12 000

④ 收到委托单位支付来的税款及手续费时:

借:银行存款　　　　　　　　　　　　　72 000
　　贷:应收账款　　　　　　　　　　　　　　　　72 000

任务 5.4　关税的申报

一、纳税地点

海关根据纳税人的申请及进出口货物的具体情况,可以在关境地征收关税,也可以在主管地征收关税。关境地纳税即口岸纳税,不管纳税人的地址在哪里,进出口货品在哪里通关,纳税人就在哪里缴纳关税。这是常见的关税缴纳地点。主管地纳税亦称集中纳税,纳税人缴纳关税时,经海关办理有关手续,进出口货物由纳税人住所地海关(主管地海关)监管其通关,关税也在纳税人住所地(主管地)缴纳。这种方式只适用于集装箱运载货物。纳税人缴纳关税时,需填制《海关进出口关税专用缴款书》并携带有关单证。

二、纳税期限

进口货物自运输工具申报进境之日起 14 日内,出口货物在货物运抵海关监管区后装货的 24 小时以前,应由进出口货物的纳税义务人向货物进(出)境地海关申报,海关根据税则归类和完税价格计算应征收的进出口环节代征税额,并填发税款缴款书。纳税义务人应当自海关填发税款缴款书之日起 15 日内,向指定银行缴纳税款。如遇关税缴纳期限的最后一日是周末或法定节假日,则关税缴纳期限顺延至周末或法定节假日过后的第一个工作日。

纳税义务人未在关税缴纳期限内缴纳税款即构成关税滞纳。海关对滞纳关税的义务人有权征收关税滞纳金和强制征收滞纳关税。

三、退税

有下列情况之一的,进出口货物的收发货人或者其代理人,可以自缴纳税款之日起1年内书面声明理由,连同纳税收据向海关申请退税,逾期不予受理:
① 因海关误征,多纳税款的。
② 海关核准免验进口的货物,在完税后发现有短卸情形,经海关审查认可的。
③ 已征出口关税的货物,因故未将其运出口,申报退关,经海关查验属实的。

按规定,过于上述退税事项,海关应当自受理退税申请之日起30日内做出书面答复并通知退税申请人。

四、补税

进出口货物完税后,如发现少征或者漏征税款,海关应当自征收税款或者货物放行之日起1年内向收发货人或者其代理人补征。因收发货人或其代理人违反规定而造成少征或者漏征的,海关在3年内可以追征;特殊情况下,追征期可以延至10年;骗取退税款的,可无限期追征。

五、纳税争议

纳税义务人对海关确定的进出口货物的征税、减税、补税或者退税等有异议时,应当先按照海关核定的税额缴纳税款,然后自海关填发税款缴款书之日起30日内向原征税海关的上一级海关书面申请行政复议。逾期申请复议的,海关不予受理。海关应当自收到复议申请之日起60日内作出复议决定,并以复议决定书的形式正式答复纳税义务人。纳税义务人对海关复议决定仍然不服的,可以自收到复议决定书之日起15日内向人民法院提起诉讼。

【项目小结】

关税是海关依法对进出国境或关境的货物或物品所征收的一种税,是一种流转税。关税与增值税、消费税相比,均属于对商品的征税。本章主要介绍了关税的概念和特点,关税的基本税制构成要素及应纳税额的计算,关税的会计核算方法以及关税申报的相关知识。

【能力训练】

一、单项选择题

1. 关税的纳税义务人不可能是(   )。

A. 进口货物的收货人 B. 进口货物的发货人
C. 进境物品的所有人 D. 出口货物的发货人

2. 关于进出口货物完税价格中的运费、保险费的计算,下列说法中正确的是( )。
A. 邮运进口的货物,应当以邮费作为运输及其相关费用、保险费
B. 进口货物以离岸价格成交的,应加上途中实际支付的运保费,如实际支付的运保费无法确定时,进口人不考虑运保费
C. 进口货物的保险费无法确定时,由海关自行核定
D. 出口货物的离岸价格应以该项货物运离关境后的最后口岸价格为实际价格

3. 下列各项中,符合《关税法》有关规定的是( )。
A. 进口货物由于完税价格审定需要补税的,按照原进口之日的税率计税
B. 溢卸进口货物事后确定需要补税的,按照确定补税当天实施的税率计税
C. 暂时进口货物转为正式进口需要补税的,按照原报关进口之日的税率计税
D. 进口货物由于税则归类改变需要补税的,按照原征税日期实施的税率计税

4. 纳税义务人或他们的代理人应在海关填发税款缴纳证之日起( )日内,向指定银行缴纳税款。
A. 15 B. 30 C. 7 D. 10

5. B企业向境外公司销售一批货物,外国实付成交价为850万元,报关出境地为天津港,抵达天津港前的费用包括运输费1.2万元、保险费2.8万元、装卸费0.95万元,以上费用由B企业自己承担,海关核定的关税税率为20%。则出口关税为( )万元。
A. 141.67 B. 170.99 C. 142.65 D. 142.49

6. 下列关税申报时间中,符合我国规定的是( )。
A. 进口货物自运输工具申报进境之日起14日内,出口货物在运抵海关监管区后装货的12小时以前
B. 进口货物自运输工具申报进境之日起15日内,出口货物在运抵海关监管区后卸货的24小时以前
C. 进口货物自运输工具申报进境之日起14日内,出口货物在运抵海关监管区后装货的15日以内
D. 进口货物自运输工具申报进境之日起14日内,出口货物在运抵海关监管区后装货的24小时以前

二、多项选择题

1. 下列各项中,属于关税征税对象的是( )。
A. 贸易性商品
B. 个人邮寄物品
C. 入境旅客随身携带的行李和物品
D. 馈赠物品或以其他方式进入国境的个人物品

2. 下列关于税则的陈述中,正确的有( )。

A. 进出口税则是一国政府根据国家关税政策和经济政策,通过一定的立法程序制定公布实施的进出口货物和物品应税的关税税率表

B. 进出口税则以税率表为主体,通常还包括实施税则的法令、使用税则的有关说明和附录等

C. 《中华人民共和国海关进出口税则》是我国海关凭以征收关税的法律依据,也是我国关税政策的具体体现

D. 税率表作为税则主体,包括税则商品分类目录和税率栏两大部分

3. 下列各项中,不符合对特殊进口货物完税价格规定的有( )。

A. 运往境外加工的货物,应以加工后进境时的到岸价格为完税价格

B. 准予暂时进口的施工机械,应当按照一般进口货物估价办法的规定估定完税价格

C. 转让进口的免税旧货物,以原入境的到岸价为完税价格

D. 留购的进口货样,以进口价格作为完税价格

4. 出口货物离岸价格可扣除( ),作为出口关税的完税价格。

A. 出口关税

B. 包含在成交价格中的支付给境外的佣金

C. 售价中包含的离境口岸至境外口岸之间的运输费用

D. 出口货物国内段运输、装卸等费用

5. 下列关于关税规定的说法中,正确的是( )。

A. 我国进口关税税率共设有最惠国税率、协定税率、特惠税率、普通税率等

B. 目前,我国对部分鸡产品、啤酒、胶卷和数字照相机计征从量税

C. 滑准税的特点是关税税率随进口商品价格由高到低而呈由低至高的变化

D. 从1997年7月1日起,关税税率计征办法有从价税、从量税、复合税和滑准税等

6. 出口货物的完税价格,由海关以该货物向境外销售的成交价格为基础审查确定,并应包括货物运至我国境内输出地点装载前的( )。

A. 运输及其相关费用　　　　　B. 保险费

C. 单独列明支付给境外的佣金　　D. 出口关税税额

三、业务题

1. 某进出口公司从国外进口A商品一批,毛重20吨,每吨离岸价USD5 000,保险费率为0.3‰,国外运费按毛重每吨300元人民币计算,当日外汇牌价为USD1=CNY6.8,A商品的进口关税税率为20%。计算该公司进口货物的完税价格和应纳关税税额,并做出相应的会计处理。

2. 某公司出口B商品一批,离岸价USD860 000,当日的外汇牌价为USD1=CNY6.3,B商品的出口关税税率为10%。计算该公司出口货物的完税价格和应纳关税税额,并做出相应的会计处理。

3. 某工业企业委托外贸公司进口摩托车 200 辆,到岸价 USD20 000,另支付运费 USD1 500 和保险费 USD1 200,关税税率为 30%,消费税税率为 10%,增值税税率为 17%。报关日的外汇牌价为 USD1＝CNY6.15。计算该企业应纳关税、消费税和增值税税额,并做出相应的会计处理。

项目 6　企业所得税纳税实务

【学习目标】

知识目标：了解企业所得税的概念、特点；掌握企业所得税的基本税制构成要素。

能力目标：熟练计算企业所得额及应纳所得税税额；能够进行企业所得税的会计核算；能够正确填制《企业所得税纳税申报表》。

【引导案例】

昌盛公司是一个从事商品流通的居民企业，该公司 2013 年度销售货物收入 100 万元，权益性投资收益 3 万元，其他收入 5 万元，与收入有关的、合理的成本 50 万元，税金 5 万元，费用 10 万元，其他支出 2 万元，上述事项会计与税法确认均无差异。除此以外，该公司当年还发生以下交易或事项：国债利息收入 2 万元；企业债券利息收入 1 万元；收到与收益相关的财政性资金 5 万元（金额较小）；通过市人民政府向市儿童福利院捐款 8 万元；直接向贫困地区一所希望小学捐款 3 万元；违反交通法规罚款支出 1 万元；因逾期归还银行贷款支付罚息 2 万元；合理职工薪金支出 10 万元（其中，职工福利支出 2 万元，残疾人员工资支出 1 万元）；合理广告费支出 5.62 万元；当年 1 月 1 日购入并当日交付管理部门使用的设备一台，实际支付价款及相关税费 9 万元，该设备常年处于高腐蚀状态，预计净残值为 0，会计上采用直线法计提折旧，将预计使用寿命缩短为 2 年（税法规定的折旧年限为 5 年）；尚有未弥的 2007 年度发生的亏损 2 万元。又知该公司当年会计利润为 15.25 万元。不考虑其他因素，计算该公司 2013 年度的应纳企业所得税税额。

任务 6.1　认识企业所得税

一、企业所得税概述

企业所得税是对企业取得的生产经营所得和其他所得征收的一种税。我国现行企业所得税具有以下几个特点：

1. 计税依据是应纳税所得额

应纳税所得额是收入总额扣除允许扣除的项目金额后的余额，与企业的本年利润是不相同的。

2. 应纳税所得额的计算比较复杂

税法在规定纳税人收入总额的前提下,对允许和不允许扣除的项目、允许扣除项目的扣除标准作了较详细的规定,这导致应纳税所得额的计算较为复杂。

3. 量能负担

即所得多,负担能力大的多征;所得少,负担能力小的少征;无所得,没有能力的不征。

4. 实行按年计算分期预缴的征收办法

即企业应以全年的应纳税所得额为计税依据,实行按年计算、分期预缴、年终汇算清缴的办法。

二、企业所得税基本制度

1. 纳税义务人

在中华人民共和国境内,企业、事业单位、社会团体和其他取得收入的组织(以下统称企业)为企业所得税的纳税人。个人独资企业、合伙企业执行的是《个人所得税法》。

企业分为居民企业和非居民企业。这里所称居民企业,是指依法在中国境内成立,或者依照外国(地区)法律成立但实际管理机构在中国境内的企业。这里所称非居民企业,是指依照外国(地区)法律成立且实际管理机构不在中国境内,但在中国境内设立机构、场所,或者在中国境内未设立机构、场所,但有来源于中国境内所得的企业。

2. 征税范围

《企业所得税法》所称的所得,包括销售货物所得、提供劳务所得、转让财产所得、股息红利等权益性投资所得、利息所得、租金所得、特许权使用费所得、接受捐赠所得和其他所得。

居民企业应当就其来源于中国境内、境外的所得缴纳企业所得税。

非居民企业在中国境内设立机构、场所的,应当就其所设机构、场所取得的来源于中国境内的所得,以及发生在中国境外但与其所设机构、场所有实际联系的所得,缴纳企业所得税。

非居民企业在中国境内未设立机构、场所的,或者虽设立机构、场所但取得的所得与其所设机构、场所没有实际联系的,应当就其来源于中国境内的所得缴纳企业所得税。

这里所称来源于中国境内、境外的所得,应按照以下原则确定:

① 销售货物所得,按照交易活动发生地确定;

② 提供劳务所得,按照劳务发生地确定;

③ 转让财产所得,不动产转让所得按照不动产所在地确定,动产转让所得按照转让动产的企业或者机构、场所所在地确定,权益性投资资产转让所得按照被投资企业所在地确定;

④ 股息、红利等权益性投资所得,按照分配所得的企业所在地确定;

⑤ 利息所得、租金所得、特许权使用费所得,按照负担、支付所得的企业或者机构、场所所在地确定,或者按照负担、支付所得的个人的住所地确定;

⑥ 其他所得,由国务院财政、税务主管部门确定。

3. 税率

企业所得税的税率为25%,适用于居民企业来源于中国境内、境外的所得;非居民企业在中国境内设立机构、场所的,其所设机构、场所取得的来源于中国境内的所得;非居民企业在中国境内设立机构、场所的,发生在中国境外但与其所设机构、场所有实际联系的所得。

税法规定,非居民企业在中国境内未设立机构、场所的,其机构、场所来源于中国境内的所得,以及非居民企业在中国境内设立机构、场所,但取得的所得与其所设机构、场所没有实际联系的,取得的所得适用预提所得税。预提所得税税率为20%,目前减按10%的税率征收。预提所得税以实际收益人为纳税人,以支付人为扣缴义务人,税款由支付人在每次支付额中按照税法规定的税率扣缴。

4. 税收优惠

(1) 关于鼓励软件产业和集成电路产业发展的优惠政策

① 软件生产企业实行增值税即征即退政策所退还的税款,由企业用于研究开发软件产品和扩大再生产,不作为企业所得税应税收入,不予征收企业所得税。

② 我国境内新办软件生产企业经认定后,自获利年度起,第一年和第二年免征企业所得税,第三年至第五年减半征收企业所得税。

③ 国家规划布局内的重点软件生产企业,如当年未享受免税优惠的,减按10%的税率征收企业所得税。

④ 软件生产企业的职工培训费用,可按实际发生额在计算应纳税所得额时扣除。

⑤ 企事业单位购进软件,凡符合固定资产或无形资产确认条件的,可以按照固定资产或无形资产进行核算,经主管税务机关核准,其折旧或摊销年限可以适当缩短,最短可为2年。

(2) 关于鼓励证券投资基金发展的优惠政策

① 对证券投资基金从证券市场中取得的收入,包括买卖股票、债券的差价收入,股权的股息、红利收入,债券的利息收入及其他收入,暂不征收企业所得税。

② 对投资者从证券投资基金分配中取得的收入,暂不征收企业所得税。

③ 对证券投资基金管理人运用基金买卖股票、债券的差价收入,暂不征收企业所得税。

(3) 关于外国投资者从外商投资企业取得利润的优惠政策

2008年1月1日之前,外商投资企业形成的累积未分配利润,在2008年以后分配给外国投资者的,免征企业所得税;2008年及以后年度,外商投资企业新增利润分配给外国投资者的,依法缴纳企业所得税。

任务6.2　企业所得税的计算

一、应纳税所得额的确定

应纳税所得额是企业每一纳税年度的收入总额,减除不征税收入、免税收入、各项扣除以及允许弥补的以前年度亏损后的余额。其计算公式如下:

应纳税所得额＝收入总额－准予扣除项目金额

1. 收入总额

企业以货币形式和非货币形式从各种来源取得的收入,为收入总额。它包括:销售货物收入;提供劳务收入;转让财产收入;股息、红利等权益性投资收益;利息收入;租金收入;特许权使用费收入;接受捐赠收入;其他收入。

收入总额中的下列收入为不征税收入:

① 财政拨款;
② 依法收取并纳入财政管理的行政事业性收费、政府性基金;
③ 国务院规定的其他不征税收入。

2. 准予扣除项目

企业实际发生的与取得收入有关的、合理的支出,包括成本、费用、税金、损失和其他支出,准予在计算应纳税所得额时扣除。

有关的支出是指与取得收入直接相关的支出。合理的支出是指符合生产经营活动常规,应当计入当期损益或者有关资产成本的必要和正常的支出。

成本是指企业在生产经营活动中发生的销售成本、销货成本、业务支出以及其他耗费。费用是指企业在生产经营活动中发生的销售费用、管理费用和财务费用,已经计入成本的有关费用除外。税金是指企业发生的除企业所得税和允许抵扣的增值税以外的各项税金及其附加。损失是指企业在生产经营活动中发生的固定资产和存货的盘亏、毁损、报废损失,转让财产损失,呆账损失,坏账损失,自然灾害等不可抗力因素造成的损失以及其他损失。其他支出是指除成本、费用、税金、损失外,企业在生产经营活动中发生的与生产经营活动有关的、合理的支出。

(1) 工资薪金支出

工资薪金是指企业每一纳税年度支付给在本企业任职或者受雇的员工的所有现金形式或者非现金形式的劳动报酬,包括基本工资、奖金、津贴、补贴、年终加薪、加班工资,以及与员工任职或者受雇有关的其他支出。

(2) 借款费用支出

企业在生产经营活动中发生的合理的不需要资本化的借款费用,准予扣除。企业为购置、建造固定资产、无形资产和经过12个月以上的建造才能达到预定可销售状态的存货发生借款的,在有关资产购置、建造期间发生的合理的借款费用,应当作为资本性支出计入有关资产的成本,并依规定扣除。

企业在生产经营活动中发生的下列利息支出,准予扣除:

① 非金融企业向金融企业借款的利息支出、金融企业的各项存款利息支出和同业拆借利息支出、企业经批准发行债券的利息支出;

② 非金融企业向非金融企业借款的利息支出,不超过按照金融企业同期同类贷款利率计算的数额的部分。

(3) 职工福利费、职工工会经费、职工教育经费支出

企业发生的职工福利费支出,不超过工资薪金总额14%的部分,准予扣除。

企业拨缴的职工工会经费支出,不超过工资薪金总额2%的部分,准予扣除。

企业发生的职工教育经费支出,不超过工资薪金总额2.5%的部分,准予扣除;超过部分,准予在以后纳税年度结转扣除。

(4) 业务招待费支出

企业发生的与生产经营活动有关的业务招待费支出,按照发生额的60%扣除,但最高不得超过当年销售(营业)收入的5‰。

(5) 广告费和业务宣传费

企业发生的符合条件的广告费和业务宣传费支出,除国务院财政、税务主管部门另有规定外,不超过当年销售(营业)收入15%的部分,准予扣除;超过部分,准予在以后纳税年度结转扣除。

(6) 保险费用

企业依照规定为职工缴纳的基本养老保险费、基本医疗保险费、失业保险费、工伤保险费、生育保险费等基本社会保险费和住房公积金,企业参加财产保险,按照规定缴纳的保险费,企业发生的合理的劳动保护支出,企业为投资者或者职工支付的补充养老保险费、补充医疗保险费,在国务院财政、税务主管部门规定的范围和标准内,准予扣除。

除企业依照国家有关规定为特殊工种职工支付的人身安全保险费和国务院财政、税务主管部门规定可以扣除的其他商业保险费外,企业为投资者或者职工支付的商业保险费,不得扣除。

(7) 固定资产租赁费

企业根据生产经营活动的需要租入固定资产支付的租赁费,按照以下方法扣除:

① 以经营租赁方式租入固定资产发生的租赁费支出,按照租赁期限均匀扣除;

② 以融资租赁方式租入固定资产发生的租赁费支出,按照规定构成融资租入固定资产价值的部分应当提取折旧费用,分期扣除。

(8) 环保专项资金

企业依照法律、行政法规有关规定提取的用于环境保护、生态恢复等方面的专项资金,准予扣除。上述专项资金提取后改变用途的,不得扣除。

(9) 支付给总机构的管理费

非居民企业在中国境内设立的机构、场所,就其中国境外总机构发生的与该机构、场所生产经营有关的费用,能够提供总机构出具的费用汇集范围、定额、分配依据和方法等证明文件并合理分摊的,准予扣除。

(10) 公益性捐赠支出

公益性捐赠是指企业通过公益性社会团体或者县级以上人民政府及其部门,用于《中华人民共和国公益事业捐赠法》规定的公益事业的捐赠。

公益性社会团体是指同时符合下列条件的基金会、慈善组织等社会团体:① 依法登记,具有法人资格;② 以发展公益事业为宗旨,且不以营利为目的;③ 全部资产及其增值为该法人所有;④ 收益和营运结余主要用于符合该法人设立目的的事业;⑤ 终止后的剩余财产不归属任何个人或者营利组织;⑥ 不经营与其设立目的无关的业务;⑦ 有健全的财务会计制度;⑧ 捐赠者不以任何形式参与社会团体财产的分配;⑨ 国务院财政、税务主管部门会同国务院民政部门等登记管理部门规定的其他条件。

企业发生的公益性捐赠支出,不超过年度利润总额12%的部分,准予扣除。年度利润总额是指企业依照国家统一会计制度的规定计算的年度会计利润。

(11) 汇兑损益

企业在货币交易中以及纳税年度终了时,将人民币以外的货币性资产、负债按照期末即期人民币汇率中间价折算为人民币时产生的汇兑损失;除已经计入有关资产成本以及与向所有者进行利润分配相关的部分外,准予扣除。

3. 不予扣除项目

在计算应纳税所得额时,下列支出不得扣除:

① 向投资者支付的股息、红利等权益性投资收益款项;

② 企业所得税税款;

③ 税收滞纳金;

④ 罚金、罚款和被没收财物的损失;

⑤ 在年度利润总额12%以外的公益性捐赠支出及非公益性捐赠支出;

⑥ 赞助支出;

⑦ 未经核定的准备金支出;

⑧ 与取得收入无关的其他支出。

4. 亏损弥补

企业纳税年度发生的亏损,准予向以后年度结转,用以后年度的所得进行弥补,但结转年限最长不得超过5年。

亏损弥补时应注意以下几个问题:

① 亏损弥补期应连续计算,不得间断,而不论5年的税前亏损弥补期内企业是盈利或亏损。

② 连续发生亏损,其亏损弥补期应按每个年度分别计算,按先亏先补的顺序弥补。

③ 企业在汇总计算缴纳企业所得税时,其境外营业机构的亏损不得抵减境内营业机构的盈利。

④ 纳税人发生年度亏损,必须在年底终了后45日内,将本年度纳税申报表和财务决算报表送当地主管税务机关,经主管税务机关依据税收法规及有关规定审核,确认纳税人年度税前弥补亏损数额真实、准确,方可弥补。

⑤ 企业虚报利润从而少纳所得税的,主管税务机关除责令其补缴税款外,还可根据情节处以滞纳金、罚金等处罚,构成犯罪的应当依法追究刑事责任。

⑥ 企业虚报利润少列支出从而多纳所得税的,税务机关视为企业放弃对权益的要求,不允许企业在以后年度列支当年应列未列的费用。

二、应纳税额的计算

1. 基本计算方法

应纳税额的计算公式如下:

$$应纳税额 = 应纳税所得额 \times 税率$$

企业所得税实行按年计征、分月或分季预缴、年终汇算清缴、多退少补的办法。其应纳所得税税额的计算分为预缴所得税税额计算和年终汇算清缴所得税税额计算两部分。

(1) 按月(季)预缴所得税的计算方法

纳税人预缴所得税时,应当按纳税期限内应纳税所得额的实际数预缴;按实际数预缴有困难的,可按上一年度应纳税所得额的1/12或1/4预缴,或者经当地税务机关认可的其他方法分期预缴所得税。预缴方法一经确定,不得随意变更。其计算公式如下:

$$应纳所得税税额 = 月(季)应纳税所得额 \times 税率$$

或:

$$应纳所得税税额 = 全年应纳税所得额 \times 1/12(或1/4) \times 税率$$

(2) 年终汇算清缴所得税的计算方法

$$全年应纳所得税税额 = 全年应纳税所得额 \times 税率$$

$$应补(退)所得税税额 = 全年应纳所得税税额 - 月(季)已预缴所得税税额$$

【例6-1】 某公司2012年经营业绩情况如下:全年营业收入1 000万元,营业成本600万元,营业税金及附加30万元,销售费用100万元,管理费用50万元(其中支付关联企业管理费5万元),财务费用30万元,营业外收入10万元(属固定资产盘盈收入),营业外支出20万元(其中通过国家机关给农村义务教育捐赠14万元,因违法经营被有关部门罚款6万元)。计算该企业应纳企业所得税税额。

解:① 计算企业的年度应纳税收入总额。

应税收入总额=1 000+10=1 010(万元)

② 分析可扣除项目的标准。营业成本600万元、营业税金及附加30万元、销售费用100万元、财务费用30万元可据实扣除;管理费用50万元中支付关联企业管理费5万元不得扣除;营业外支出20万元中因违法经营被有关部门罚款6万元不得扣除。

应纳税所得额＝1 010－[600＋30＋100＋30＋(50－5)＋(20－6)]＝191(万元)

应纳企业所得税税额＝191×25％＝47.75(万元)

2. 核定征收的计算方法

(1) 核定征收的适用范围

税务机关对具有下列情形之一的，不能正确核算纳税所得的企业所得税纳税人采取核定征收方式征收企业所得税：

① 依照税收法律法规规定，可以不设账簿的或按照税收法律法规规定应设置但未设置账簿的；

② 只能准确核算收入总额或收入总额能够查实，但其成本费用支出不能准确核算的；

③ 只能准确核算成本费用支出或成本费用支出能够查实，但其收入总额不能准确核算的；

④ 收入总额及成本费用支出均不能正确核算，不能向主管税务机关提供真实、准确、完整纳税资料，难以查实的；

⑤ 账目设置和核算虽然符合规定，但并未按规定保存有关账簿、凭证及有关纳税资料的；

⑥ 发生纳税义务，未按照税收法律法规规定的期限纳税申报，经税务机关责令限期申报，逾期仍不申报的。

(2) 核定征收的办法

① 核定征收是指税务机关按照一定的标准、程序和方法，直接核定纳税人年度应纳企业所得税税额，由纳税人按规定进行申报缴纳的办法。

② 核定应税所得率征收是指税务机关按照一定的标准、程序和方法，预先核定纳税人的应税所得率，由纳税人根据纳税年度内的收入总额或成本费用等项目的实际发生额，按预先核定的应税所得率计算缴纳企业所得税的办法。

其计算公式如下：

应纳所得税税额＝应纳税所得额×适用税率

应纳税所得额＝收入总额×应税所得率

或：应纳税所得额＝成本费用支出额÷(1－应税所得率)×应税所得率

自2007年1月1日起，企业应税所得率应按表6-1的标准执行。

表6-1 应税所得率表

经营行业	应税所得率
1. 农、林、牧、渔业	3％～10％
2. 制造业	5％～15％
3. 批发和零售贸易业	4％～15％

(续表)

经营行业	应税所得率
4. 交通运输业	7%~15%
5. 建筑业	8%~20%
6. 饮食业	8%~25%
7. 娱乐业	15%~30%
8. 其他行业	10%~30%

【例6-2】 某公司(经批准采用核定征收企业所得税办法)2013年1月20日向其主管税务机关申报2012年度取得收入总额200万元,发生的直接成本185万元、其他费用23万元,全年亏损8万元。经税务机关检查,其收入总额无误,但成本、费用不能准确核算。假定应税所得率为20%。计算该企业应纳企业所得税税额。

解:应纳税所得额=200×20%=40(万元)
应纳所得税税额=40×25%=10(万元)

任务6.3　企业所得税的核算

一、永久性差异和暂时性差异

1. 永久性差异

永久性差异是指某一会计期间内,由于会计制度和税收在计算收益、费用或损失时的口径不同,所产生的税前会计利润与应税所得额之间的差异。这种差异的特点在于它在本期发生,不会在以后各期转回。

永久性差异主要有:超支的业务招待费;因违反法律、行政法规而交付的罚款、罚金、滞纳金;超支的工资及职工工会经费、职工福利费、职工教育经费;超标准的业务宣传费、超标准的利息、超过扣除范围的资产损失、超标准的社会保险、超标准的公益性捐赠及贿赂等非法支出、企业在纳税年度内应计而未计的扣除项目和免税收入等。

永久性差异不产生递延所得税资产或者递延所得税负债,但会对当期的所得税造成影响,尤其是在当年亏损(税法标准)的情况下会影响到以后年度的亏损弥补额,从而影响当期确认的递延所得税资产。

2. 暂时性差异

暂时性差异是指资产或负债的账面价值与其计税基础之间的差额。未作为资产和负债确认的项目,按照税法规定可以确定其计税基础的,该计税基础与其账面价值之间的差额也属于暂时性差异。这种暂时性差异主要是指费用和收入。例如,广告费和业务宣传费超过当年销售(营业)收入15%的部分可以无限期递延至以后年度抵扣。

尚未弥补的亏损和已支付的所得税超过应支付的部分,也应确认为递延所得税资产,属于可抵扣的暂时性差异。

按照对未来期间应税金额的影响,暂时性差异又分为应纳税暂时性差异和可抵扣暂时性差异。应纳税暂时性差异是指未来收回该资产或清偿该负债时,将导致应纳税金额的暂时性差异。可抵扣暂时性差异是指未来收回资产或清偿该负债时,将导致可抵扣金额的暂时性差异。

二、会计处理方法

从2007年开始使用的新准则要求企业一律采用资产负债表债务法核算递延所得税。在采用资产负债表债务法时,企业不仅要设置"所得税费用"和"应交税费——应交所得税"科目,还要设置"递延所得税资产"或"递延所得税负债"科目,用于核算由于时间性差异所产生的影响纳税的金额,以及以后各期转销的数额。"所得税费用"科目的发生额按税前会计利润计算确定,但如果存在永久性差异,则"所得税费用"科目的发生额应按税前会计利润加减发生的永久性差异来计算确定。"应交税费——应交所得税"科目的发生额按应纳税所得额计算确定。企业确认的可抵扣暂时性差异,计入"递延所得税资产"科目;确认的应纳税暂时性差异,计入"递延所得税负债"科目。

【例6-3】 某工业企业一项固定资产按税法规定使用年限为5年,企业选定的折旧年限为3年。该项固定资产原值为600 000元(不考虑净残值)。假设该企业前三年每年实现利润3 000 000元,后两年每年实现利润3 200 000元,企业所得税税率为25%。做出该企业各年所得税的会计处理。

解:(1) 前3年

① 按税法规定折旧年限计算的每年应提折旧额=600 000÷5=120 000(元)

按企业选定折旧年限计算的每年应提折旧额=600 000÷3=200 000(元)

暂时性差异额=200 000－120 000=80 000(元)

② 按税前会计利润计算的所得税费用=3 000 000×25%=750 000(元)

③ 按应纳税所得额计算的应交所得税=(3 000 000+80 000)×25%=770 000(元)

④ 暂时性差异对纳税的影响=80 000×25%=20 000(元)

⑤ 前三年各年做会计分录如下:

借:所得税费用　　　　　　　　　　　　　　　　750 000
　　递延所得税资产　　　　　　　　　　　　　　 20 000
　　贷:应交税费——应交所得税　　　　　　　　　　　770 000

(2) 后两年

① 按税前会计利润计算的所得税费用=3 200 000×25%=800 000(元)

② 按应纳税所得额计算的应交所得税=(3 200 000－120 000)×25%=770 000(元)

③ 暂时性差异对纳税的影响=120 000×25%=30 000(元)

④ 后两年各年做会计分录如下:

借:所得税费用　　　　　　　　　　　　800 000
　　贷:递延所得税资产　　　　　　　　　　　30 000
　　　　应交税费——应交所得税　　　　　　770 000

任务6.4　企业所得税的申报

一、纳税义务发生时间

企业所得税实行按年计算、分月或分季预缴、年终汇算清缴、多退少补的征收办法。具体缴纳期限由当地主管税务机关根据纳税人应纳税额的大小,分别核定。企业所得税的纳税年度,自公历1月1日起至12月31日止。纳税人在一个纳税年度的中间开业,或者由于合并、关闭等原因,使该纳税年度的实际经营期不足12个月的,应当以其实际经营期为一个纳税年度。

纳税人进行清算时,应当以清算期间作为一个纳税年度。

二、纳税期限

纳税人应当在月份或者季度终了后的15日内,年度终了后的5个月内,向当地主管税务机关报送会计报表和预缴所得税申报表。纳税人须在纳税申报后的7日内缴清税款。纳税人的预缴方法一经确定,不得随便改变。纳税人取得的境外所得,可以在年终汇算清缴。企业应当自年度终了之日起5个月内,向税务机关报送年度《企业所得税年度纳税申报表》,并汇算清缴,结清应缴、应退税款。

企业在报送所得税纳税申报表时,应当按照规定附送财务会计报告和其他有关资料。企业在年度中间终止经营活动的,应当自实际经营终止之日起60日内,向税务机关办理当期企业所得税汇算清缴。企业应当在办理注销登记前,就其清算所得向税务机关申报并依法缴纳企业所得税。

三、纳税地点

居民企业以企业登记注册地为纳税地点,但登记注册地在境外的,以实际管理机构所在地为纳税地点。

非居民企业在中国境内设立机构、场所的,以机构、场所所在地为纳税地点;非居民企业在中国境内未设立机构、场所的,或者虽设立机构、场所,但取得的所得与其所设机构、场所没有实际联系的,取得来源于中国境内的所得应以扣缴义务人所在地为纳税地点。

除国务院另有规定外,企业之间不得合并缴纳企业所得税。

四、纳税申报表的填制

企业所得税纳税人应按有关规定及时办理纳税申报,并应如实填写《企业所得税纳税申报表》(见表6-2、表6-3和表6-4)。

表6-2 企业所得税预缴纳税申报表

税款所属期间　年　月　日至　年　月　日

纳税人识别号:□□□□□□□□□□□□□□□　　　金额单位:元(列至角分)

纳税人名称		
项目	行次	累计金额
实行据实预缴的纳税人填列以下第1～11行:		
利润总额	1	
加:纳税调整增加额	2	
减:纳税调整减少额	3	
减:弥补以前年度亏损	4	
应纳税所得额(1+2-3-4)	5	
适用税率	6	
应纳所得税额(5×6)	7	
减免所得税额	8	
汇总纳税成员企业就地预缴比例	9	
实际已预缴的所得税额	10	
应补(退)的所得税额[(7-8-10)或(7-8)×9-10]	11	
实行按上年实际数分期预缴的纳税人填列以下第12～14行:		
上一年度实际缴纳的企业所得税额	12	
本季(月)应预缴所得税额(12行÷4或12行÷12)	13	
本年实际已预缴的所得税额	14	
纳税人公章: 经办人: 申报日期: 年 月 日	代理申报中介机构公章: 经办人执业证件号码: 代理申报日期: 年 月 日	主管税务机关受理专用章: 受理人: 受理日期: 年 月 日

表6-3 企业所得税年度纳税申报表(主表)

税款所属期间： 年 月 日至 年 月 日

纳税人识别号：□□□□□□□□□□□□□□□ 金额单位:元(列至角分)

纳税人名称：

	行次	项　目	金　额
收入总额	1	销售(营业)收入	
	2	投资收益	
	3	投资转让净收入	
	4	补贴收入	
	5	其他收入	
	6	收入总额合计(1＋2＋3＋4＋5)	
扣除项目	7	销售(营业)成本	
	8	主营业务税金及附加	
	9	期间费用	
	10	投资转让成本	
	11	其他扣除项目	
	12	扣除项目合计(7＋8＋9＋10＋11)	
应纳税所得额的计算	13	纳税调整前所得(6－12)	
	14	加:纳税调整增加额	
	15	减:纳税调整减少额	
	16	纳税调整后所得(13＋14－15)	
	17	减:弥补以前年度亏损(17≤16)	
	18	减:免税所得(18≤16－17)	
	19	加:应补税投资收益已缴所得税额	
	20	减:允许扣除的公益救济性捐赠额	
	21	减:加计扣除额(21≤16－17－18＋19－20)	
	22	应纳税所得额(16－17－18＋19－20－21)	
应纳所得税额的计算	23	适用税率	
	24	境内所得应纳所得税额(22×23)	
	25	减:境内投资所得抵免税额	
	26	加:境外所得应纳所得税额	
	27	减:境外所得抵免税额	

(续表)

行次	项 目	金 额
28	境内、外所得应纳所得税额(24－25＋26－27)	
29	减:减免所得税额	
30	实际应纳所得税额(28－29)	
31	汇总纳税成员企业就地预缴比例	
32	汇总纳税成员企业就地应预缴的所得税额(30×31)	
33	减:本期累计实际已预缴的所得税额	
34	本期应补(退)的所得税额	
35	附:上年应缴未缴本年入库所得税额	

纳税人声明:此纳税申报表是根据《中华人民共和国企业所得税暂行条例》及其实施细则和国家有关税收规定填报的,是真实的、完整的。

法定代表人(签字):　　　　　　　　　　　　　年　月　日

纳税人公章: 经办人: 申报日期:　年　月　日	代理申报中介机构公章: 经办人执业证件号码: 代理申报日期:　年　月　日	主管税务机关受理专用章: 受理人: 受理日期:　年　月　日

表6-4　企业所得税纳税申报表(适用于核定征收企业)

税款所属期间:　　年　月至　　年　月

纳税人识别码　　　　　　　　　　　　　　金额单位:元(列至角分)

纳税人名称

纳税申报栏

项 目	行次	本期数	累计数
收入总额	1		
成本费用	2		
应税所得率	3		
应纳税所得额	4		
适用税率	5		
应缴所得税额(4×5)	6		
减:实际已预缴的所得税额	7		
应补(退)的所得税额(8＝6－7)	8		

(续表)

纳税人公章：	主管税务机关受理专用章：
经办人(签章)：	受理人：
申报日期：　　年　月　日	受理日期：　　年　月　日

【项目小结】

企业所得税是对我国内资企业和经营单位的生产经营所得和其他所得征收的一种税。企业所得税纳税人即所有实行独立经济核算的中华人民共和国境内的内资企业或其他组织，包括以下6类：① 国有企业；② 集体企业；③ 私营企业；④ 联营企业；⑤ 股份制企业；⑥ 有生产经营所得和其他所得的其他组织。企业所得税的征税对象是纳税人取得的所得。它包括销售货物所得、提供劳务所得、转让财产所得、股息红利所得、利息所得、租金所得、特许权使用费所得、接受捐赠所得和其他所得。2007年，新准则要求采用资产负债表债务法核算递延所得税。在采用资产负债表债务法时，企业不仅要设置"所得税费用"和"应交税费——应交所得税"科目，还要设置"递延所得税资产"或"递延所得税负债"科目，用于核算由于时间性差异所产生的影响纳税的金额，以及以后各期转销的数额。

【能力训练】

一、单项选择题

1. 根据《企业所得税法》的规定，在计算企业所得税应纳税所得额时，不计入收入总额的是（　　）。

    A. 固定资产盘盈收入　　　　　　B. 转让固定资产取得的收入

    C. 出租固定资产取得的租金收入　　D. 财政拨款

2. 根据《企业所得税法》的规定，下列各项中，在计算企业所得税应纳税所得额时准予扣除的是（　　）。

    A. 被没收财物的损失

    B. 银行按规定加收的罚息

    C. 税收滞纳金

    D. 向投资者支付的股息、红利等权益性投资收益额

3. 根据《企业所得税法》的规定，企业发生的公益性捐赠支出，在年度利润总额（　　）以内的部分，准予在计算应纳税所得额时扣除。

    A. 12%　　　　B. 10%　　　　C. 5%　　　　D. 3%

4. 根据《企业所得税法》的规定，对于符合条件的小型微利企业，按（　　）的税率征

收企业所得税。

  A. 15%   B. 25%   C. 10%   D. 20%

5. 某公司2010年度实际支付职工工资300万元,当年发生的职工福利费为45万元,实现的利润总额为120万元。按税法规定,该公司在计算应纳税所得额时允许扣除的职工福利费为( )万元。

  A. 16.8   B. 45   C. 42   D. 6

6. 根据《企业所得税法》的规定,下列各项中,不属于企业所得税纳税人的是( )。

  A. 上市公司   B. 合伙企业
  C. 取得收入的组织   D. 法人企业

7. 根据现行税收法律制度的规定,纳税人每一纳税年度发生的广告费和业务宣传费,在不超过销售收入( )范围内,在计算应纳税所得额时按实扣除。

  A. 3%   B. 5‰   C. 12%   D. 15%

8. 根据《企业所得税法》的规定,纳税人发生年度亏损准予在以后( )年内弥补。

  A. 4   B. 5   C. 3   D. 7

二、多项选择题

1. 根据企业所得税法律制度的规定,关于计算应纳税所得额时允许扣除的费用,下列说法中正确的有( )。

  A. 纳税人拨缴的工会经费不超过工资薪金总额2%的部分,准予扣除
  B. 纳税人发生的合理的工资薪金支出,按计税工资标准扣除
  C. 纳税人实际发生的合理的工资薪金支出,准予扣除
  D. 纳税人实际发生的职工教育经费不超过工资薪金总额2.5%的部分,准予扣除

2. 根据《企业所得税法》的规定,企业所得税应以企业每一个纳税年度的收入总额,减除( )的余额为应纳税所得额。

  A. 免税收入   B. 法定各项扣除
  C. 法定期限弥补以前年度亏损 D. 不征税收入

3. 根据企业所得税法律制度的规定,对在我国境内设立机构、场所的非居民企业,其征税的对象为( )。

  A. 全部境内所得
  B. 发生在境外但与其所设机构、场所没有实际联系的所得
  C. 发生在境外但与其所设机构、场所有实际联系的所得
  D. 全部境外所得

4. 下列各项中,可以在所得税前列支的有( )。

  A. 增值税   B. 向投资者支付股息
  C. 广告性的赞助支出   D. 向银行支付的借款利息

5. 根据《企业所得税法》的规定,在计算企业所得税应纳税所得额时,下列各项中,不可以扣除的项目有( )。

A. 期间费用　　　　　　　　　B. 超过规定标准的公益性捐赠
　　C. 税收滞纳金　　　　　　　　D. 行政罚款
　6. 根据《企业所得税法》的规定，在计算企业所得税应纳税所得额时，下列各项中，可以扣除的项目有（　　）。
　　A. 期间费用　　B. 行政罚款　　C. 产品销售成本　　D. 营业税

三、业务题

1. 某企业 2013 年 12 月 31 日购入价值为 10 000 元的设备，预计可以使用 5 年，净残值为 0。企业按直线法提取折旧，税法要求按双倍余额递减法计提折旧。假设企业各年未计提折旧前利润总额为 100 000 元，适用 25% 的企业所得税税率。计算资产负债表债务法下该企业各年的所得税费用金额和应纳税所得额，并做相关会计处理。

2. 假定某公司 2011—2013 年，每年当期应交企业所得税均为 16 000 元（假定所得税税率为 25%）；于 2011 年计提资产减值准备 30 000 元，无其他会计和税法差异（当年计提的减值准备中，预计实际发生资产减值准备 2012 年为 20 000 元、2013 年为 10 000 元，假定适用税率保持不变，提取的减值准备按会计准则规定允许转回）。试计算该公司应纳企业所得税税额，并做相关会计处理。

3. 某小型企业本年 1 月 20 日向其主管税务机关申报上年度取得收入总额为 160 万元，发生的直接成本 130 万元，其他费用 40 余万，全年亏损 10 万元。经税务机关检查，其成本费用无误，但收入总额不能准确核算。假定应税所得率为 20%，按照核定征收企业所得税的办法，计算该小型企业上年度应纳企业所得税税额。

项目 7　个人所得税纳税实务

【学习目标】

知识目标：了解个人所得税的概念、特点；掌握个人所得税的基本税制构成要素。

能力目标：熟练计算个人所得税应纳税额；能够进行个人所得税的会计核算；能够正确填制《个人所得税纳税申报表》。

【引导案例】

谭某于 2012 年 7 月取得下列收入：① 工资所得 3 750 元；② 稿酬所得 7 680 元；③ 特许权使用费所得 3 800 元。请问：谭某该月应纳个人所得税税额为多少？职工王某于 2011 年 5 月取得如下收入：① 工资收入 4 580 元；② 稿酬所得 5 200 元；③ 劳务报酬所得 3 300 元。请问：王某该月应纳个人所得税税额为多少？

任务 7.1　认识个人所得税

一、个人所得税概述

个人所得税是以个人(自然人)取得的各项应税所得为征税对象征收的一种税。

个人所得税是世界各国普遍征收的一种税，我国现行个人所得税具有以下几个特点：

1. 实行分类征收方式

世界各国实行的个人所得税制度一般有三种类型，即分类所得税制、综合所得税制、混合所得税制。这三种税制各有所长，各国在设计税制时均需根据具体情况加以运用。我国现行的个人所得税采用的是分类所得税制，即将个人取得的各种所得划分为 11 类，分别适用不同的费用减除规定和高低不等的税率及优惠办法。分类征收可以广泛采用源泉扣缴的征收办法，方便征纳双方，堵塞漏洞，同时可以对不同的所得实行不同的税收待遇，便于体现国家的政策。

2. 超额累进税率与比例税率并用

分类所得税制一般采用比例税率，而综合所得税制通常采用累进税率。我国现行的个人所得税利用两种税率的优点,即累进税率体现公平,比例税率体现效率;累进税率调节收入水平,比例税率实现普遍纳税,将其恰当地运用到个人所得税制中。对工资、薪金所得,个体工商户生产、经营所得,企事业单位的承包、承租经营所得,采用累进税率,实行量能负担;对劳务报酬、稿酬等其他所得,采用比例税率,实行等比负担。

3. 费用扣除额较宽

各国征收的个人所得税均有费用减除的规定,只是减除的方法及额度不尽相同。我国目前采用定额和定率两种方法减除费用。例如,我国对工资、薪金所得,每月减除费用3 500元后计税;对劳务报酬等所得,每次收入不超过4 000元的减除800元后计税,每次收入4 000元以上的则按收入额的20%减除费用后计税。

4. 计算简便

由于我国现行个人所得税的费用减除采取总额扣除法,免去了按个人实际生活费用支出项目逐项计算的麻烦,而且各种所得项目分类计算,各有明确的减除费用规定,减除项目及方法易于掌握。因此,计算比较简便,既符合目前的国情,也符合税制建立的简便原则。

5. 采取课源制和申报制两种征纳方法

我国《个人所得税法》规定,纳税人的应纳税额分别采取由支付单位或个人源泉扣缴和纳税人自行申报两种方法。对于凡是可以在应税所得的支付环节扣缴个人所得税税款的,均由扣缴义务人履行代扣代缴税额的义务。对于没有扣缴义务人的以及个人在两处以上取得工资、薪金所得的,才采取由纳税人自行申报纳税的方法。这种规定既方便了征纳双方,简化了征纳手续,节约了征纳成本和纳税成本,提高了征纳效率,又在尽可能广泛的范围内堵塞漏洞,源泉控制,符合我国目前的国情。同时,对于不便于扣缴的情况,规定自行申报,有利于逐渐培养公民的纳税意识和观念,努力提高个人纳税的自觉性。

二、个人所得税基本制度

1. 纳税人和扣缴义务人

(1) 纳税人

个人所得税的纳税人按照住所和居住时间两个标准划分为居民纳税人和非居民纳税人。在中国境内有住所的个人是我国个人所得税的居民纳税人。

住所指习惯性住所,是指因户籍、家庭、经济利益关系而在中国境内习惯性居住,而不是指实际居住地或某一特定时期内的居住地。

居住时间是指个人在一国境内实际居住的日数。我国规定的居住时间是在一个纳税年度内在中国境内居住满1年,即居住365日。临时离境的,不扣减日数。临时离境是指在一个纳税年度中一次不超过30日或者多次累计不超过90日的离境。在一个纳税年度内,在我国境内居住满1年的个人是我国个人所得税的居民纳税人。

住所和时间标准是两个并列标准,个人主要符合或达到其中任何一个标准即成为居民纳税人,两个标准都不符合的即为个人所得税的非居民纳税人。

居民纳税人应履行无限纳税义务,就其来源于中国境内外的所得向我国申报缴纳个人所得税。非居民纳税人应履行有限纳税义务,仅就其来源于中国境内的所得向我国申报缴纳个人所得税。

自2000年1月1日起,个人独资企业和合伙企业投资者也为个人所得税的纳税义务人。

(2) 扣缴义务人

我国个人所得税实行代扣代缴和个人申报纳税相结合的征收管理制度,凡支付应税所得的单位和个人都是个人所得税的扣缴义务人。扣缴义务人在向纳税义务人支付各项应税所得(个体工商户的生产、经营所得除外)时,必须履行代扣代缴义务。

2. 征税对象

个人所得税的征税对象是个人取得的各种应税所得。其具体征税项目和征税范围如下:

① 工资、薪金所得;
② 个体工商户的生产、经营所得;
③ 对企事业单位的承包、承租经营所得;
④ 劳务报酬所得;
⑤ 稿酬所得;
⑥ 特许权使用费所得;
⑦ 利息、股息、红利所得;
⑧ 财产租赁所得;
⑨ 财产转让所得;
⑩ 偶然所得;
⑪ 经国务院、财政部门确定征税的其他所得。

3. 税目、税率

个人所得税的税率按不同的个人所得项目分别规定了超额累进税率和比例税率两种形式。

(1) 工资、薪金所得适用七级超额累进税率,税率为3%~45%,见表7-1。

表7-1 工资、薪金所得个人所得税税率表

级数	全月应纳税所得额(含税级距)	税率/%	速算扣除数/元
1	不超过1 500元的部分	3	0
2	1 500~4 500元的部分	10	105
3	4 500~9 000元的部分	20	555
4	9 000~35 000元的部分	25	1 005

(续表)

级数	全月应纳税所得额（含税级距）	税率/%	速算扣除数
5	35 000～55 000元的部分	30	2 755
6	55 000～80 000元的部分	35	5 505
7	超过80 000元的部分	45	13 505

注：本表所称全月应纳税所得额是指依照税法的规定，以每月收入额减除费用3 500元后的余额或者减除附加减除费用后的余额。

（2）个体工商户的生产、经营所得和对企业事业单位的承包、承租经营所得。适用5%～35%的五级超额累进税率，见表7-2。

表7-2　个体工商户的生产、经营所得和对企事业单位的承包经营、承租经营所得个人所得税税率表

级数	全年应纳税所得额（含税级距）	税率/%	速算扣除数/元
1	不超过15 000元的	5	0
2	超过15 000～30 000元的部分	10	750
3	超过30 000～60 000元的部分	20	3 750
4	超过60 000～100 000元的部分	30	9 750
5	超过100 000元的部分	35	14 750

注：本表所称全年应纳税所得额，对于个体工商户的生产、经营所得来源，是指以每一纳税年度的收入总额，减除成本、费用以及损失后的余额；对于企事业单位的承包经营、承租经营所得来源，是指以每一纳税年度的收入总额，减除必要费用后的余额。

（3）稿酬所得适用比例税率，税率为20%，并按应纳税额减征30%。

（4）劳务报酬所得适用比例税率，税率为20%。对于劳务报酬所得一次收入畸高的，可以实行加成征收。所谓劳务报酬所得一次收入畸高，是指个人一次取得劳务报酬，其应纳税所得额超过20 000元。对应纳税所得额20 000～50 000元的部分，按照税法规定计算应纳税额后再按应纳税额加征五成；超过50 000元的部分，加征十成。因此，劳务报酬所得实际上适用20%、30%、40%的三级超额累进税率，见表7-3。

表7-3　劳务报酬所得个人所得税税率表

级数	每次应纳税所得额	税率/%	速算扣除数/元
1	不超过20 000元的部分	20	0
2	超过20 000～50 000元的部分	30	2 000
3	超过50 000元的部分	40	7 000

注：本表所称每次应纳税所得额，是指每次收入额减除费用800元（每次收入额不超过4 000元时）或者减除20%的费用（每次收入超过4 000元时）后的余额。

(5) 特许权使用费所得、利息、股息、红利所得、财产租赁所得、财产转让所得、偶然所得和其他所得,适用20%的比例税率。

4. 税收优惠政策

第一,法定所得免税。下列各项个人所得,免纳个人所得税:

① 奖金。省级政府、国务院部委和军队军以上单位,以及外国组织、国际组织颁发的科学、教育、技术、文化、卫生、体育、环境保护等方面的奖金。

② 债券利息。国债和国家发行的金融债券利息。

③ 补贴津贴。按照国务院规定发给的政府特殊津贴和国务院规定免税的补贴、津贴。

④ 救济性款项。根据国家有关规定,从提留的福利费或工会经费中支付的个人生活补助费;民政部门支付给个人的救济金以及抚恤金。

⑤ 保险赔款。保险公司支付的保险赔款。

⑥ 转业复员费。军人的转业费、复员费。

⑦ 安家费、离退休费用。按规定发给干部、职工的安家费、退职费、退休工资、离休工资、离休生活补助费。

⑧ 外交人员所得。依照中国有关法律规律规定应予免税的各国驻华使馆、领事馆的外交代表、领事官司员和其他人员的所得。

⑨ 协议免税所得。中国政府参加的国际公约、签订的协议中规定免税的所得。

⑩ 其他所得。经国务院财政部门批准免税的所得。

第二,下列所得暂免征个人所得税:

① 奖金。个人举报、协查各种违法、犯罪行为而获得的奖金。

② 手续费。个人办理代扣代缴税款手续费,按规定取得的扣缴手续费。

③ 转让房产所得。个人转让自用达5年以上、并且是唯一的家庭生活用房取得的所得。

④ 延期离退休工薪所得。达到离、退休年龄,但因工作需要,适当延长离退休年龄的高级专家,其在延长离退休期间的工资、薪金所得,视同离、退休工资免征个人所得税。

第三,外籍个人的下列所得免征个人所得税:

① 生活费用。外籍个人以非现金形式或实报实销形式取得的住房补贴、伙食补贴、搬迁费、洗衣费。

② 出差补贴。外籍个人按合理标准取得的境内、外出差补贴。

③ 其他费用。外籍个人取得的探亲费、语言培训费、子女教育费等,经审核批准为合理的部分。

④ 股息红利所得。外籍个人从外商投资企业取得的股息、红利所得。

第四,外籍专家工薪所得免税。下列外籍专家的工资、薪金所得免征个人所得税:

① 根据世界银行专项贷款协议,由世界银行直接派往中国工作的外国专家;

② 联合国组织直接派往中国工作的专家;

③ 为联合国援助项目来华工作的专家;

④ 援助国派往中国专为该国无偿援助项目工作的专家;

⑤ 根据两国政府签订的文化交流项目来华2年以内的文教专家,其工资、薪金所得由该国负担的;

⑥ 根据中国大专院校国际交流项目来华工作的专家,其工资、薪金所得由该国负担的;

⑦ 通过民间科研协定来华工作的专家,其工资、薪金所得由该国机构负担的。

第五,农业税缴税项目免税。个体工商户或个人专营种植业、养殖业、饲养业、捕捞业,其经营项目属于农业税、农业特产税、牧业税征税范围,并已纳税的,不再征收个人所得税。

第六,股息、红利收入征免税。对个人从基层供销社、农村信用社取得的股息、红利收入,是否征收个人所得税,由各省级人民政府确定,报财政部、国家税务总局备案。

第七,非工薪所得免税。下列不属于工薪性质的补贴、津贴或不属于本人工薪项目的收入,不征收个人所得税:

① 独生子女补贴。

② 托儿补助费。

③ 差旅费津贴、误餐补助。

④ 执行公务员工资制度未纳入基本工资总额的补贴、津贴差额和家庭成员的副食品补贴。

任务7.2 个人所得税的计算

一、工资、薪金所得

1. 应纳税所得额

工资薪金所得实行按月计征的方法。自2011年9月1日起,以个人每月收入额减除3 500元(来源于境外的所得以及外籍人员、华侨和香港、澳门、台湾同胞在中国境内的所得每月还可附加扣除1 300元)费用后的余额为应纳税所得额。

应纳税所得额=月工资、薪金收入-3 500元或4 800元

2. 应纳税额的计算

应纳税额=应纳税所得额×适用税率-速算扣除数
=(每月收入额-3 500或4 800元)×适用税率-速算扣除数

对于以下四类人,每月在减除3 500元的基础上,可以附加减除1 300元费用,即每月总共可以扣除4 800元费用:

① 在中国境内的外商投资企业和外国企业中工作的外籍人员;

② 应聘在中国境内企业、事业单位、社会团体、国家机关中工作的外籍专家；

③ 在中国境内有住所而在中国境外任职或者受雇取得工资、薪金所得的个人；

④ 财政部确定的其他人员。

此外，还适用于华侨和港澳台同胞。

【例 7-1】 某纳税人为中国居民，在国内工作，2012 年 6 月取得工资 5 000 元。计算其应纳个人所得税税额。

解：应纳税所得额 = 5 000 - 3 500 = 1 500(元)

应纳个人所得税税额 = 1 500 × 3% = 45(元)

【例 7-2】 某在华工作的外籍专家(假设为非居民纳税人)，2012 年 4 月取得工资收入 20 000 元人民币。计算其应纳个人所得税税额。

解：应纳税所得额 = 20 000 - (3 500 + 1 300) = 15 200(元)

应纳个人所得税税额 = 15 200 × 25% - 1 005 = 2 795(元)

二、个体工商户的生产、经营所得

1. 应纳税所得额

对于实行查账征收的个体工商户，其生产、经营所得或应纳税所得额是每一纳税年度的收入总额，减除成本、费用以及损失后的余额。其计算公式如下：

应纳税所得额 = 收入总额 - 准予扣除项目金额

= 收入总额 - (成本 + 费用 + 损失 + 准予扣除的税金)

(1) 收入总额

收入总额是指个体工商户从事生产、经营以及与生产、经营有关的活动而取得的各项收入。

(2) 准予扣除项目

准予扣除项目包括成本、费用、损失和准予扣除的税金。

① 成本、费用是指个体工商户从事生产、经营所发生的各项直接支出和分配计入成本的间接费用以及销售费用、管理费用、财务费用。

② 损失是指个体工商户在生产、经营过程中发生的各项营业外支出。它包括固定资产盘亏、报废、毁损和出售的净损失、自然灾害或意外事故损失、公益救济性捐赠、赔偿金、违约金等。

③ 税金是指个体工商户按规定缴纳的消费税、营业税、城市维护建设税、资源税、房产税、车船税、印花税等。

(3) 不得在所得税前列支的项目

① 资本性支出，包括：为购置和建造固定资产、无形资产以及其他资产的支出，对外投资的支出；

② 被没收的财物、支付的罚款；

③ 缴纳的个人所得税、税收滞纳金、罚金和罚款；

④ 各种赞助支出；
⑤ 自然灾害或者意外事故损失有赔偿的部分；
⑥ 分配给投资者的股利；
⑦ 用于个人和家庭的支出；
⑧ 个体工商户业主的工资支出；
⑨ 与生产经营无关的其他支出；
⑩ 国家税务总局规定不准扣除的其他支出。

2. 应纳税额的计算

个体工商户的生产、经营所得适用五级超额累进税率，以其应纳税所得额按适用税率计算应纳税额。其应纳税额的计算公式如下：

$$应纳税额＝应纳税所得额×适用税率－速算扣除数$$

【例 7-3】 某大型酒店为个体经营户，账证比较健全，2012 年 12 月取得的营业额为 120 000 元，购进菜、肉、蛋、面粉、大米等原料费为 60 000 元，缴纳电费、水费、房租、煤气费等 15 000 元，缴纳其它税费合计为 6 600 元。当月支付给 4 名雇员工资共 4 800 元，当地税务机关确定的业主个人费用扣除为 3 500 元/月。1—11 月累计应纳税所得额为 55 600 元，1—11 月累计已预缴个人所得税为 14 397.5 元。计算该个体户 12 月份应纳个人所得税税额。

解：

12 月份应纳税所得额＝120 000－60 000－15 000－6 600－4 800－3 500＝30 100（元）

全年累计应纳税所得额＝55 600＋30 100＝85 700（元）

12 月份应纳个人所得税税额＝85 700×30%－9 750－14 397.5＝1 563.5（元）

三、对企事业单位承包经营、承租经营所得

1. 应纳税所得额

对企事业单位承包经营、承租经营所得是以每一纳税年度的收入总额，减除必要费用后的余额作为应纳税所得额。其计算公式如下：

$$应纳税所得额＝每月个人承包、承租经营收入总额－2 000 元$$

2. 应纳税额的计算

对企事业单位承包经营、承租经营所得适用五级超额累进税率，以其应纳税所得额按适用税率计算应纳税额。其应纳税额的计算公式如下：

$$应纳税额＝应纳税所得额×适用税率－速算扣除数$$

【例 7-4】 某人于 2012 年 3 月 1 日起，承包某单位门市部，经营期限 10 个月。取得经营收入总额为 150 000 元，准予扣除的与经营收入相关的支出总额为 102 000 元。计算该个人承包经营所得应纳个人所得税税额。

解：承包经营所得=150 000-102 000=48 000(元)

承包经营的应纳税所得额=48 000-2 000×10=28 000(元)

承包经营所得应纳个人所得税税额=28 000×20%=5 600(元)

四、劳务报酬所得

1. 应纳税所得额

劳务报酬所得以每次收入额,定额或定率减除规定费用,每次收入额不超过4 000元的,定额减除费用800元;每次收入在4 000元以上的,定率减除20%的费用。

(1) 每次收入不满4 000元的

应纳税所得额=每次收入额-800元

(2) 每次收入在4 000元以上的

应纳税所得额=每次收入额×(1-20%)

2. 应纳税额的计算

劳务报酬所得适用20%的比例税率。其应纳税额的计算公式如下:

应纳税额=应纳税所得额×税率

如果纳税人的每次应税劳务报酬所得超过20 000元的,应实行加成征收,其应纳税总额应依据相应税率和速算扣除数计算。其计算公式如下:

应纳税额=应纳税所得额×适用税率-速算扣除数

【例7-5】 某歌手于2012年6月外出参加营业性演出,一次取得劳务报酬60 000元。计算其应纳个人所得税税额。

解：应纳税所得额=60 000×(1-20%)=48 000(元)

应纳税额=48 000×30%-2 000=12 400(元)

五、稿酬所得

1. 应纳税所得额

稿酬所得以每次收入额,定额或定率减除规定费用,每次收入额不超过4 000元的,定额减除费用800元;每次收入在4 000元以上的,定率减除20%的费用。

(1) 每次收入不满4 000元的

应纳税所得额=每次收入额-800元

(2) 每次收入在4 000元以上的

应纳税所得额=每次收入额×(1-20%)

稿酬所得以每次出版、发表取得的收入为一次。

2. 应纳税额的计算

稿酬所得适用20%的比例税率,并按规定对应纳税额减征30%,即实际缴纳税额是应纳税额的70%。其应纳税额的计算公式如下:

应纳税额＝应纳税所得额×税率

实际缴纳税额＝应纳税额×(1－30％)

【例7-6】 某大学教授2012年3月因其编著的教材出版,获得稿酬9 000元,2012年12月因教材加印又得到稿酬4 000元。计算该教授取得的稿酬应纳个人所得税税额。

解： 该教授稿酬所得按规定应属于一次收入,必须合并计算应纳税额。

应纳税额＝(9 000＋4 000)×(1－20％)×20％＝2 080(元)

实际缴纳个人所得税税额＝2 080×(1－30％)＝1 456(元)

因其所得是先后取得,实际计税时应分两次缴纳税款：

第一次实际缴纳税额＝9 000×(1－20％)×20％×(1－30％)＝1 008(元)

第二次实际缴纳税额＝(9 000＋4 000)×(1－20％)×20％×(1－30％)－1 008
　　　　　　　　＝448(元)

或者：

第二次实际缴纳税额＝4 000×(1－20％)×20％×(1－30％)＝448(元)

六、特许权使用费所得

1. 应纳税所得额

特许权使用费所得以每次收入额,定额或定率减除规定费用,每次收入额不超过4 000元的,定额减除费用800元；每次收入在4 000元以上的,定率减除20％的费用。

(1) 每次收入不满4 000元的

应纳税所得额＝每次收入额－800元

(2) 每次收入在4 000元以上的

应纳税所得额＝每次收入额×(1－20％)

2. 应纳税额的计算

特许权使用费所得适用20％的比例税率。其应纳税额的计算公式如下：

应纳税额＝应纳税所得额×税率

七、利息、股息、红利所得

1. 应纳税所得额

利息、股息、红利所得以个人每次收入额为应纳税所得额,不扣除任何费用。即除特殊规定外,每次收入额直接就是应纳税所得额。上述的每次收入是指支付单位或个人每次支付利息、红利时个人所取得的收入。

2. 应纳税额的计算

利息、股息、红利所得适用20％的比例税率。其应纳税额的计算公式如下：

应纳税额＝应纳税所得额×税率

八、财产租赁所得

1. 应纳税所得额

个人出租财产取得的财产租赁收入,在计算应纳税所得额时,应依次扣除以下费用:

① 财产租赁过程中缴纳的税费。应从收入额中扣除应缴纳的营业税、城市维护建设税、教育费附加、房产税、印花税等。

② 由纳税人负担的该出租财产实际开支的修缮费用。出租财产发生的修缮费支出,在计算应纳税所得额时可以扣除,但是必须提供有效、准确的凭证,且允许扣除的修缮费用以每次 800 元为限,一次扣除不完的下次继续扣除,扣完为止。

③ 税法规定的费用扣除标准。每次收入额不超过 4 000 元的,定额减除费用 800 元;每次收入在 4 000 元以上的,定率减除 20% 的费用。

2. 应纳税额的计算

财产租赁所得适用 20% 的比例税率。其应纳税额的计算公式如下:

$$应纳税额 = 应纳税所得额 \times 税率$$

【例 7-7】某人于 2012 年 1 月将自有的房屋出租,每月租金 1 500 元,全年租金收入 18 000 元。计算其应纳个人所得税税额。

① 财产租赁收入以每月取得的收入为一次,因此,此人每月和全年的应纳税额为:

每月应纳税额 = (1 500 − 800) × 20% = 140(元)

全年应纳税额 = 140 × 12 = 1 680(元)

② 如果当年 2 月份因下水道堵塞找人修理,发生修理费用 500 元,有维修部门的正式收据,则 2 月份及全年的应纳税额为:

每月应纳税额 = (1 500 − 500 − 800) × 20% = 40(元)

全年应纳税额 = 140 × 11 + 40 = 1 580(元)

九、财产转让所得

1. 应纳税所得额

财产转让所得以个人转让财产的收入减除财产原值和合理费用后的余额为应纳税所得额。其计算公式如下:

$$应纳税所得额 = 每次收入额 − 财产原值 − 合理费用$$

财产转让所得中允许减除的财产原值包括以下几项:

① 有价证券。其原值为买入价及买入时按照有关规定交纳的有关费用。

② 建筑物。其原值为建造或者购进价格以及其他有关费用。

③ 土地使用权。其原值为取得土地使用权所支付的金额、开发土地的费用以及其他有关费用。

④ 机器设备、车船。其原值为购进价格、运输费、安装费以及其他有关费用。

⑤ 其他财产。其原值参照以上方法确定。

纳税人如未提供完整、准确的财产原值凭证，不能正确计算财产原值的，由主管税务机关核定其财产原值。

财产转让所得中允许减除的合理费用是指转让财产时按照规定支付的有关费用。

2. 应纳税额的计算

财产转让所得适用 20% 的比例税率。其应纳税额的计算公式为：

$$应纳税额 = 应纳税所得额 \times 税率$$

【例 7-8】 某居民于 2012 年 2 月将一台复印机转让给本市某企业，取得转让收入 120 000 元。其购进时原价为 100 000 元，转让时支付有关费用 500 元。计算该居民应纳个人所得税税额。

解： 应纳税所得额 = 120 000 - 100 000 - 500 = 19 500（元）

应纳个人所得税税额 = 19 500 × 20% = 3 900（元）

十、偶然所得和其他所得

1. 应纳税所得额

偶然所得以个人每次收入额为应纳税所得额，不扣除任何费用。除有特殊规定外，每次收入额就是应纳税所得额，以每次取得该项收入为一次。

2. 应纳税额的计算

偶然所得适用 20% 的比例税率。其应纳税额的计算公式如下：

$$应纳税额 = 应纳税所得额 \times 税率$$

十一、个人所得税的特殊计税方法

1. 取得全年一次性奖金的计税方法

纳税人取得全年一次性奖金，单独作为一个月工资、薪金所得计算纳税，自 2005 年 1 月 1 日起按以下计税办法，由扣缴义务人发放时代扣代缴：

① 先将雇员当月内取得的全年一次性奖金，除以 12 个月，按其商数确定适用税率和速算扣除数。

如果在发放年终一次性奖金的当月，雇员当月工资薪金所得低于税法规定的费用扣除额，应将全年一次性奖金减除"雇员当月工资薪金所得与费用扣除额的差额"后的余额，按上述办法确定全年一次性奖金的适用税率和速算扣除数。

② 将雇员个人当月内取得的全年一次性奖金，按上述第一条确定的适用税率和速算扣除数计算征税，计算公式如下：

其一，如果雇员当月工资薪金所得高于（或等于）税法规定的费用扣除额的，适用公式为：

$$应纳税额 = 雇员当月取得全年一次性奖金 \times 适用税率 - 速算扣除数$$

其二,如果雇员当月工资薪金所得低于税法规定的费用扣除额的,适用公式为:

应纳税额=(雇员当月取得全年一次性奖金-雇员当月工资薪金所得
与费用扣除额的差额)×适用税率-速算扣除数

③ 在一个纳税年度内,对每一个纳税人该计税办法只允许采用一次。

④ 纳税人取得除全年一次性奖金以外的其他各种名目奖金,如半年奖、季度奖、加班奖、先进奖、考勤奖等,一律与当月工资、薪金收入合并,按税法规定缴纳个人所得税。

【例7-9】 假设中国公民李某2012年在我国境内1—12月每月的工资为3 000元,12月31日又一次性领取年终奖金(兑现的绩效工资)18 500元。计算李某取得该笔奖金应纳个人所得税税额。

该笔奖金按12个月分摊后,每月的奖金=[18 500-(3 500-3 000)]÷12=1 500元,根据工资、薪金七级超额累进税率的规定,适用的税率和速算扣除数分别为3%和0元。

应纳个人所得税税额=(奖金收入-当月工资与费用扣除额3 500元的差额)×适用税率-速算扣除数=[18 500-(3 500-3 000)]×3%=18 000×3%=540(元)

2. 特定行业职工取得的工资、薪金所得的计税方法

为了照顾采掘业、远洋运输业、远洋捕捞业因季节、产量等因素的影响,职工的工资、薪金收入呈现较大幅度波动的实际情况,对这三个特定行业的职工取得的工资、薪金所得,可按月预缴,年度终了后30日内,合计其全年工资、薪金所得,再按12个月平均并计算实际应纳的税款,多退少补。其公式表示为:

应纳所得税额=[(全年工资、薪金收入÷12-费用扣除标准)×
适用税率-速算扣除数]×12

3. 在外商投资企业、外国企业和外国驻华机构工作的中方人员取得的工资、薪金所得的计税方法

① 在外商投资企业、外国企业和外国驻华机构工作的中方人员取得的工资、薪金收入,凡是由雇佣单位和派遣单位分别支付的,支付单位应按税法规定代扣代缴个人所得税。同时,按税法规定,纳税义务人应以每月全部工资、薪金收入减除规定费用后的余额为应纳税所得额。为了有利于征管,对雇佣单位和派遣单位分别支付工资、薪金的,采取由支付者中的一方减除费用的方法,即只由雇佣单位在支付工资、薪金时,按税法规定减除费用,计算扣缴个人所得税;派遣单位支付的工资、薪金不再减除费用,以支付金额直接确定适用税率,计算扣缴个人所得税。

上述纳税义务人应持两处支付单位提供的原始明细工资、薪金单(书)和完税凭证原件,选择并固定到一地税务机关申报每月工资、薪金收入,汇算清缴其工资、薪金收入的个人所得税,多退少补。具体申报期限,由各省、自治区、直辖市税务机关确定。

② 对外商投资企业、外国企业和外国驻华机构发放给中方工作人员的工资、薪金所得,应全额征税。但对可以提供有效合同或有关凭证,能够证明其工资、薪金所得的一部分按照有关规定上交派遣(介绍)单位的,可扣除其实际上交的部分,按其余额计征个人所得税。

任务 7.3 个人所得税的核算

一、会计科目的设置

企事业单位核算代扣代缴的个人所得税,应设置"应交税费——应交代扣个人所得税"科目,贷方登记代扣的个人所得税;借方登记已缴纳代扣的个人所得税;期末贷方余额为尚未上缴的代扣个人所得税额。个体工商户缴纳所得税的核算程序、基本内容与企业所得税基本相同,应通过"所得税费用"和"应交税费——应交个人所得税"两个科目进行会计核算。

二、会计处理方法

单位代扣代缴工资、薪金所得应纳的税款,实际上是个人工资、薪金所得的一部分。单位代缴税款时,可得到2%的手续费,作为扣缴义务人的营业外收入。

1. 代扣个人所得税时

在代扣个人所得税时,借记"应付职工薪酬"科目;贷记"应交税费——应交个人所得税"科目。

2. 实际缴纳时

在实际缴纳时,借记"应交税费——应交个人所得税"科目;贷记"银行存款"科目。

【例 7-10】 某企业聘请一外籍专家来厂参与管理工作,月薪7 000元。该企业每月发放工资时,都依法代扣代缴了该专家的个人所得税。计算该专家应纳个人所得税税额,并做出相关会计处理。

解:① 每月应纳个人所得税税额=(7 000−3 500−1 300)×10%−105=115(元)

② 做会计分录如下:

代扣个人所得税时:

借:应付职工薪酬 115
  贷:应交税费——应交个人所得税 115

每月实际缴纳税款时:

借:应交税费——应交个人所得税 115
  贷:银行存款 115

任务 7.4 个人所得税的申报

一、税款征收方式

我国个人所得税采取支付单位源泉扣缴和纳税人自行申报缴纳的两种方式征收。

1. 支付单位源泉扣缴

个人所得税以所得人为纳税人,以支付所得的单位或者个人为扣缴义务人。扣缴义务人向个人支付应税款项(包括现金、实物及其他各种形式)时,均应依照税法规定代扣代缴其应缴纳的个人所得税税额。扣缴义务人依法履行代扣代缴税款义务时,纳税人不得拒绝。

凡支付个人应纳税所得的企业(公司)、事业单位、机关、社会团体、军队、驻华机构、个体工商户等单位或者个人,为个人所得税的扣缴义务人。纳税义务人的11个应税所得项目中,除个体工商户的生产、经营所得之外,均属代扣代缴范围。

2. 纳税人自行申报缴纳

《个人所得税自行纳税申报办法(试行)》(以下简称《办法》)明确规定了须向税务机关进行自行申报缴纳个人所得税的五类纳税人:

① 年所得12万元以上的纳税人。
② 从中国境内两处或两处以上取得工资、薪金所得的纳税人。
③ 从中国境外取得所得的纳税人。
④ 取得应税所得,没有扣缴义务人的纳税人。
⑤ 国务院规定的其他情形的纳税人。

①项中所称的年所得12万元以上的纳税人,无论其取得的各项所得是否已足额缴纳了个人所得税,均应当按照《办法》的规定,于纳税年度终了后向主管税务机关办理纳税申报。

②~④项中所称的纳税人,均应按照《办法》的规定,于取得所得后向主管税务机关办理纳税申报。

⑤项所称的纳税人,其纳税申报办法根据具体情形另行规定。

《办法》中所称的"年所得12万元以上",是指纳税人在一个纳税年度取得的各项所得的合计数额达到12万元,各项包括工资、薪金所得,个体工商户的生产、经营所得,对企事业单位的承包、承租经营所得,劳务报酬所得,稿酬所得,特许权使用费所得,利息、股息、红利所得,财产租赁所得,财产转让所得,偶然所得,以及国务院财政部门确定征税的其他所得,不包括税法规定的各项免税所得,并应该减除税法允许按标准扣除的各项费用。

二、纳税期限

扣缴义务人每月所扣的税款,应当在次月15日内缴入国库。

个体工商户和个人独资企业、合伙企业投资者取得的生产、经营所得应纳的税款,分月预缴的,纳税人在次月15日内办理纳税申报;分季预缴的,纳税人在每个季度终了后15日内办理纳税申报。纳税年度终了后,纳税人在3个月内进行汇算清缴。

纳税人年终一次性取得对企事业单位的承包经营、承租经营所得的,自取得所得之日起30日内办理纳税申报;在一个纳税年度内分次取得承包经营、承租经营所得的,在每次取得所得的次月15日内申报预缴,纳税年度终了后3个月内汇算清缴。

从中国境外取得所得的纳税人,在纳税年度终了后30日内向中国境内税务机关办理纳税申报。

纳税人取得其他各项所得须申报纳税的,在取得所得的次月15日内向主管税务机关办理纳税申报。

纳税人、扣缴义务人不能按期办理纳税申报或者报送代扣代缴、代收代缴税款报告的,经税务机关核准,可以延期申报。

三、纳税申报地点

年所得12万元以上的纳税人在中国境内有任职、受雇单位的,向其任职、受雇单位所在地主管税务机关申报;在中国境内有两处或者两处以上任职、受雇单位的,选择并固定向其中一处单位所在地主管税务机关申报;在中国境内无任职、受雇单位,年所得项目中有个体工商户的生产、经营所得或者对企事业单位的承包经营、承租经营所得(以下统称生产、经营所得)的,向其中一处实际经营所在地主管税务机关申报;在中国境内无任职、受雇单位,年所得项目中无生产、经营所得的,向户籍所在地主管税务机关申报;在中国境内有户籍,但户籍所在地与中国境内经常居住地不一致的,选择并固定向其中一地主管税务机关申报;在中国境内没有户籍的,向中国境内经常居住地主管税务机关申报。

从两处或者两处以上取得工资、薪金所得的,选择并固定向其中一处单位所在地主管税务机关申报。

从中国境外取得所得的,向中国境内户籍所在地主管税务机关申报;在中国境内有户籍,但户籍所在地与中国境内经常居住地不一致的,选择并固定向其中一地主管税务机关申报;在中国境内没有户籍的,向中国境内经常居住地主管税务机关申报。

个体工商户向实际经营所在地主管税务机关申报。

个人独资企业、合伙企业投资者兴办两个或两个以上企业的,区分不同情形确定纳税申报地点。一是兴办的企业全部是个人独资性质的,分别向各企业的实际经营管理所在地主管税务机关申报;二是兴办的企业具有合伙性质的,向经常居住地主管税务机关申报;三是兴办的企业具有合伙性质,个人投资者经常居住地与其兴办企业的经营管理所在地不一致的,选择并固定向其参与兴办的某一合伙企业的经营管理所在地主管税务机关申报。

除以上情况外,纳税人应当向取得所得的所在地主管税务机关申报。纳税人不得随意变更纳税申报地点,因特殊情况需要变更的,须报原主管税务机关备案。

【项目小结】

个人所得税是以个人(自然人)取得的各项应税所得为征税对象征收的一种税。个人所得税的纳税人是指在中国境内有住所,或者虽无住所但在境内居住满1年,以及无住所又不居住或居住不满1年但有从中国境内取得所得的个人,包括中国公民、个体工商户、外籍个人等。企事业单位核算代扣代缴的个人所得税,应设置"应交税费——应交代扣个人所得税"科目,贷方登记代扣的个人所得税;借方登记已缴纳代扣的个人所得税;期末贷方余额为尚未上缴的代扣个人所得税额。个体工商户缴纳所得税的核算程序、基本内容与企业所得税基本相同,应通过"所得税费用"和"应交税费——应交个人所得税"两个科目进行会计核算。

【能力训练】

一、单项选择题

1. 某大学教授接受某企业邀请,为该企业中层干部进行管理培训,从企业取得报酬5 000元,该笔报酬在缴纳个人所得税时适用的税目是(　　)。
   A. 劳务报酬所得　　　　　　　　B. 工资薪金所得
   C. 偶然所得　　　　　　　　　　D. 稿酬所得

2. 李某在一次福利彩票抽奖中,花1 000元抽中一辆价值300 000元的别克轿车,外加现金500 000元,个人所得税税率为20%,李某应缴纳的个人所得税税额为(　　)元。
   A. 100 000　　B. 159 800　　C. 0　　D. 160 000

3. 张某2010年3月取得劳务报酬10万元,应缴纳的个人所得税为(　　)万元。
   A. 2.2　　B. 2.5　　C. 2　　D. 2.1

4. 根据《个人所得税法》的规定,下列各项所得中适用加成征收个人所得税的是(　　)。
   A. 财产租赁所得　　　　　　　　B. 劳务报酬所得
   C. 财产转让所得　　　　　　　　D. 稿酬所得

5. 王某为一学者,2011年2月份取得发表文章的稿酬20 000元,举办讲座取得收入4 000元,根据个人所得税法律制度的规定,王某应纳的个人所得税为(　　)元。
   A. 2 688　　B. 3 840　　C. 2 880　　D. 4 800

6. 根据《个人所得税法》的规定,工资、薪金所得适用(　　)级的超额累进税率,税率为3%~45%。
   A. 七　　B. 九　　C. 五　　D. 三

二、多项选择题

1. 根据个人所得税法律制度的规定,下列各项中,应当缴纳个人所得税的是(　　)。
   A. 个人独资企业的生产经营所得　　B. 个人的房产租赁所得
   C. 个人的工资、薪金所得　　　　　D. 个体工商户的生产、经营所得

2. 根据《个人所得税法》的规定,以下各项所得中适用累进税率形式的有(　　)。
   A. 个体工商户的生产经营所得　　　B. 个人独资企业投资人的所得
   C. 工资薪金所得　　　　　　　　　D. 财产转让所得

3. 下列各项所得中,属于免征个人所得税的是(　　)。

A. 国债利息　　　　　　　　　　B. 彩票中奖的奖金
   C. 保险赔款　　　　　　　　　　D. 离退休人员的工资
4. 个人所得税采用的征收方法有（　　）。
   A. 代扣代缴　　　B. 委托代征　　　C. 自行申报　　　D. 代收代缴

三、业务题

1. 某商店为一家个体经营商店，2012年年初向税务机关报送2011年度的个人所得税申报表，表中填报的商品销售收入为100万元，减除成本费用、税金后，利润为－20万元，应纳税所得额也是－20万元，经税务机关审查后核定以下几项支出：

① 业主工资每月2 500元，雇员工资每月800元，有5名雇工，税务部门确定雇工工资列支标准为每月800元。

② 经营场所月租金4 000元，其中业主家庭居住占1/5的面积，税务部门允许业主私人使用的分摊比例为1∶4。

③ 全年发生业务招待费6.5万元，已列支。

④ 违法经营被处以罚款5万元。

⑤ 该个体户通过民政部门向受灾地区捐赠8万元。

请根据以上资料计算该个体户2011年度应纳个人所得税税额。

2. 2012年，某作家收到稿酬8 000元，计算该作家应纳个人所得税税额。

3. 2012年年初，某中国公民刘某由中方公司派往国内一家外资企业的驻华机构工作，因双方单位工资标准较为悬殊，按规定刘某每月向其派遣单位上交该外资企业所支付工资的50%，外资企业每月支付刘某工资18 000元，此外，派遣单位每月向刘某支付工资2 500元。计算刘某应纳个人所得税税额。

项目 8 其他税种纳税实务

【学习目标】

知识目标：理解城市维护建设税及教育费附加、土地增值税、资源税、城镇土地使用税、房产税、车船税、契税、车辆购置税、印花税的基本知识；掌握城市维护建设税及教育费附加、土地增值税、资源税、城镇土地使用税、房产税、车船税、契税、车辆购置税、印花税的计算、纳税申报和税款缴纳；熟悉城市维护建设税及教育费附加、土地增值税、资源税、城镇土地使用税、房产税、车船税、契税、车辆购置税、印花税的会计处理。

能力目标：能进行城市维护建设税及教育费附加、土地增值税、资源税、城镇土地使用税、房产税、车船税、契税、车辆购置税、印花税的会计核算；能办理城市维护建设税及教育费附加、土地增值税、资源税、城镇土地使用税、房产税、车船税、契税、车辆购置税、印花税的纳税申报。

【引导案例】

2013年，税务人员根据工商行政管理局提供的新增注册资本的公司名单，对印花税纳税情况进行检查。检查中，发现某商贸有限责任公司成立于1998年，成立时注册资本800万，已缴纳印花税。2012年增加注册资本200万元，没有按规定在实收资本账本上补贴印花税票。同时，发现该企业有资本公积40万元，亦未按规定贴印花税票。税务机关责令10日内补缴，并处3倍罚金。

任务 8.1 城市维护建设税及教育费附加纳税实务

一、城市维护建设税基本制度

1. 纳税义务人

城市维护建设税的纳税义务人是负有缴纳"三税"义务的单位和个人。个体商贩及个人在集市上出售商品，对其征收临时经营的增值税，但是否征收城市维护建设税，由各省、自治区、直辖市人民政府根据实际情况确定。自2010年12月1日起，对外商投资企业和外国企业及外籍个人开始征收城市维护建设税。

2. 税率

城市维护建设税采用地区差别比例税率。根据纳税人所处地区的不同,分为以下三个档次:

① 纳税人所在地为市区的,税率为7%;
② 纳税人所在地为县城、镇的,税率为5%;
③ 纳税人所在地不在市区、县城或者镇的,税率为1%。

城市维护建设税的税率一般按纳税人所在地确定,但对于由受托方代征代扣的城市维护建设税,则按受托方所在地适用税率执行。流动经营无固定纳税地点的单位和个人,在经营地缴纳"三税"的,其城市维护建设税按照经营地适用税率执行。

3. 减税、免税

税法规定对纳税人减免"三税"时,相应地也减免城市维护建设税;对增值税、消费税、营业税"三税"实行先征后返、先征后退、即征即退办法的,除另有规定外,对随"三税"附征的城市维护建设税及教育费附加,一律不予退(返)还。

二、城市维护建设税的计算

1. 计税依据

城市维护建设税以附加税的形式出现,其计税依据为纳税人实际缴纳的"三税"税额。在确定计税依据时,应注意以下几点:

① 对于进口产品,由海关代征的增值税、消费税不作为城市维护建设税计税依据,不征收城市维护建设税。

② 对于纳税人因违反"三税"有关税法而加收的滞纳金或罚款,不作为城市维护建设税的计税依据,不征城市维护建设税。但纳税人在被查补"三税"或被处以罚款时,应同时对其偷漏的城建税进行补税和罚款。

③ 如果纳税人减征或免征"三税",同时也就减征或免征了城市维护建设税。但对出口产品实行出口退还增值税、消费税的,不退出口产品已缴纳的城市维护建设税。

2. 应纳税额的计算

其应纳税额的计算公式如下:

$$应纳税额=纳税人实际缴纳的"三税"税额之和 \times 适用税率$$

【例8-1】 市区某企业8月份实际缴纳增值税450 000元,消费税260 000元,营业税80 000元。计算该企业应纳城市维护建设税税额。

解:应纳城市维护建设税税额=(450 000+260 000+80 000)×7%
=790 000×7%
=55 300(元)

三、城市维护建设税的核算

企业核算城市维护建设税，应在"应交税费"科目下设置"应交城市维护建设税"明细科目，用来核算企业应交城市维护建设税的发生和缴纳情况。该科目的贷方反映企业按税法规定计算出的应当缴纳的城市维护建设税；借方反映企业实际向税务机关缴纳的城市维护建设税；余额在贷方反映企业应缴而未缴的城市维护建设税。

计提城市维护建设税时，借记"营业税金及附加"科目；贷记"应交税费——应交城市维护建设税"科目。实际缴纳时，借记"应交税费——应交城市维护建设税"科目；贷记"银行存款"科目。

【例8-2】 某县城一企业，11月份实际缴纳增值税50 000元，消费税8 000元，营业税20 000元。计算该企业应纳城市维护建设税税额，并做出相关会计处理。

解：应纳城市维护建设税税额＝(50 000＋20 000＋8 000)×5％＝3 900(元)

做会计分录如下：

① 计提城市维护建设税时：

借：营业税金及附加　　　　　　　　　　　　　　　3 900
　　贷：应交税费——应交城市维护建设税　　　　　　　　3 900

② 实际缴纳时：

借：应交税费——应交城市维护建设税　　　　　　　3 900
　　贷：银行存款　　　　　　　　　　　　　　　　　　　3 900

四、城市维护建设税的申报与缴纳

1. 纳税义务发生时间和纳税期限

城市维护建设税的纳税义务发生时间和纳税期限的规定与现行增值税、消费税、营业税相同，具体可由主管税务机关根据纳税人的情况分别确定。如果不能按照固定期限纳税的，可以按次纳税。

2. 纳税地点

城市维护建设税与增值税、消费税、营业税同时缴纳，所以，纳税人缴纳"三税"的地点，就是缴纳城市维护建设税的地点。但是，属于下列情况的，纳税地点有特殊规定：

① 代扣代缴"三税"的单位和个人，城市维护建设税的纳税地点在代扣代缴地。

② 跨省开采的油田，下属生产单位与核算单位不在一个省内的，其生产的原油，在油井所在地缴纳增值税，其应纳税款由核算单位按照各油井的产量和规定税率计算汇拨各油井纳税。所以，各油井应纳的城市维护建设税应由核算单位计算，随同增值税一并汇拨油井所在地，在缴纳增值税的同时一并缴纳。

③ 对管道局输油部分的收入，由取得收入的各管道局于所在地缴纳营业税。所以，其应纳城市维护建设税也应由取得收入的各管道局所在地缴纳营业税时一并缴纳。

④ 对流动经营等无固定纳税地点的单位和个人,应随同"三税"在经营地按适用税率缴纳。

3. 纳税申报表的填制

城市维护建设税纳税人应按有关规定及时办理纳税申报,并应如实填写《城市维护建设税纳税申报表》(见表 8-1)。

表 8-1 城市维护建设税纳税申报表

填表日期: 年 月 日

纳税人识别号码: 元(列至角分)

纳税人名称				税款所属时间		
计税依据	计税金额	税率	应纳税额	已纳税额	应补(退)税额	
1	2	3	4=2×3	5	6=4-5	
增值税						
营业税						
消费税						
合计						
如纳税人填报,由纳税人填写以下各栏			如委托代理人填报,由代理人填写以下各栏			备注
会计主管(签章)	纳税人(公章)		代理人名称		代理人(公章)	
			代理人地址			
			经办人		电话	
以下由税务机关填写						
收到申报表日期			接收人			

五、教育费附加基本制度

教育费附加是以纳税人实际缴纳的增值税、消费税、营业税税额为依据征收的一种附加税。为了加快地方教育事业的发展,扩大地方教育经费的资金来源,国务院决定从 1986 年 7 月 1 日起,在全国范围内征收教育费附加。

1. 纳税义务人

缴纳增值税、消费税、营业税的单位和个人,是教育费附加的纳税人。自 2010 年 12 月 1 日起,对外商投资企业、外国企业及外籍个人开始征收教育费附加。

2. 计税依据和计征比率

教育费附加的计税依据与城建税相同,以纳税人实际缴纳的增值税、消费税、营业税额为计税依据,附加征收比率为 3%。

3. 税收优惠政策

① 对由于减免增值税、消费税、营业税而发生退税的,同时退还教育费附加。但对出口产品退还增值税、消费税的,不再退还已征的教育费附加。

② 对海关征收的进口产品的增值税、消费税,不征收教育费附加。

任务 8.2　土地增值税纳税实务

一、土地增值税基本制度

1. 纳税义务人

土地增值税的纳税人为转让国有土地使用权、地上建筑物及其附着物并取得收入的单位和个人。这里的单位包括各类企业、事业单位、国家机关和社会团体及其他组织;个人包括个体经营者。同时,它还包括外商投资企业、外国驻华机构、外国公民及海外华侨、港澳台同胞。

2. 征税范围

根据《土地增值税暂行条例》的规定,土地增值税的征税范围包括以下几个方面:

(1) 转让国有土地使用权

国有土地是指按国家法律规定属于国家所有的土地。转让国有土地使用权是指土地使用者通过出让等形式取得土地使用权后,将土地使用权再转让的行为,它属于土地买卖的二级市场。因此,出售国有土地使用权、取得国有土地使用权并进行房屋开发建造,然后出售、存量房地产的买卖等行为均应缴纳土地增值税。此外应注意以下几点:

① 转让非国有土地不征税。农村和城市郊区的土地除由法律规定属于国家所有的以外,属于集体所有。集体土地依法被征用后属于国家所有。对属于集体所有的土地,根据《土地管理法》和《城市房地产管理法》及国家其他有关规定,不得自行转让。

② 出让国有土地使用权不征税。国有土地使用权的出让,是指国家以土地所有者的身份将土地使用权在一定年限内让与土地使用者,并由土地使用者向国家支付土地使用权出让金的行为,属于土地买卖的一级市场。土地使用权出让方是国家,出让的目的是实行国有土地的有偿使用制度,合理开发利用和经营土地。因此,土地使用权的出让不属于土地增值税的征税范围。

(2) 地上建筑物及其附着物连同国有土地使用权一并转让

地上建筑物是指建于土地上的一切建筑物,包括地上、地下的各种附属设施。附着物是指附着于土地上的不能移动或一经移动即遭损坏的物品。这里应注意以下几点:

① 土地使用权、房产权未变更的不征税。土地使用权、地上建筑物及其附着物的产权是否发生转让是判定其是否属于土地增值税征税范围的重要标准。房地产出租和房地产抵押,都没有发生房地产权属的变更,不征收土地增值税。但抵押期满后,若以房地

产抵债而发生房地产权属转让的,应列入土地增值税的征税范围。

② 房地产的权属虽然转让但未取得收入的不征税。以继承、赠与方式转让房地产的,尽管房地产的权属发生了变更,但权属人并没有取得相应的收入,不属于土地增值税的征税范围。

③ 房地产的交换应征税。这种行为既发生了房产产权、土地使用权的转移,交换双方又取得了实物形态的收入,所以它属于土地增值税的征税范围。但对个人之间互换自有居住用房地产的,经当地税务机关核实,可以免征土地增值税。

④ 以房地产进行投资或联营的,暂免征收土地增值税。对投资、联营企业将上述房地产再转让的,应征收土地增值税。

⑤ 房地产的重估增值不征税。国有企业在清产核资时对房地产进行重新评估而使其升值的情况。这种情况房地产虽然有增值,但既没有发生房地产权属的转移,房地产权、土地使用权人也未取得收入,所以不属于土地增值税的征收范围。

⑥ 国家收回国有土地使用权、征用地上建筑物及其附着物不征税。这种情况发生了房地产权属的变更,原房产所有人、土地使用权人也取得了一定的收入(补偿金),但根据《土地增值税暂行条例》的规定,可以免征土地增值税。

3. 税率

土地增值税实行四级超率累进税率,体现增值多的多征、增值少的少征、无增值的不征的设计原则。具体超率累进税率见表8-2。

表8-2 土地增值税四级超率累进税率表

级数	增值额与扣除项目金额的比率	税率/%	速算扣除系数
1	不超过50%的部分	30	0
2	超过50%~100%的部分	40	5
3	超过100%~200%的部分	50	15
4	超过200%的部分	60	35

4. 税收优惠政策

土地增值税对以下情况给予减免税优惠:

① 纳税人建造普通标准住宅出售,增值额未超过扣除项目金额20%的,免征土地增值税。

② 因国家建设需要依法征用、收回的房地产,免征土地增值税。

③ 个人因工作调动或改善居住条件而转让原自用住房,经向税务机关申报核准,凡居住满5年或5年以上的,免予征收土地增值税;居住满3年但未满5年的,减半征收土地增值税;居住未满3年的,按规定计征土地增值税。

二、土地增值税的计算

1. 计税依据

土地增值税的计税依据是纳税人有偿转让房地产所取得的增值额,即纳税人转让房地产所取得的收入减除税法规定的允许扣除项目金额后的余额,用公式表示为:

增值额＝房地产转让收入－允许扣除项目的金额

(1) 房地产转让收入的确定

根据《土地增值税暂行条例》及其实施细则的规定,纳税人转让房地产取得的应税收入,包括转让房地产的全部价款及有关的经济收益。从收入的形式看,包括货币收入、实物收入和其他收入。

(2) 允许扣除项目的确定

准予从转让收入额中减除的扣除项目包括以下几项:

① 取得土地使用权所支付的金额。它是纳税人为取得土地使用权所支付的地价款和按国家统一规定交纳的有关费用,如登记费、过户手续费等。

② 房地产开发成本。它是纳税人开发土地和新建房屋及配套设施的实际发生成本,包括以下一些项目:一是土地征用及拆迁补偿费,包括土地征用费、耕地占用税、劳动力安置费,以及有关地上、地下附着物拆迁补偿的净支出,安置动迁用房支出等。二是前期工程费,包括规划、设计、项目可行性研究、水文、地质、勘察、测绘、"三通一平"等支出。三是建筑安装工程费,包括以出包方式支付给承包单位的建筑安装工程费,以自营方式发生的建筑安装工程费。四是基础设施费,包括开发小区内道路、供水、供电、供气、排污、排洪、通讯、照明、环卫、绿化等工程发生的支出。五是公共配套设施费,包括不能有偿转让的开发小区内公共配套设施发生的支出。六是开发间接费用,是指直接组织、管理开发项目发生的费用,包括工资、职工福利费、折旧费、修理费、办公费、水电费、劳动保护费、周转房摊销等。

③ 房地产开发费用。它是与房地产开发项目有关的销售费用、管理费用、财务费用。与房地产开发有关的三项费用均为期间费用,应直接计入当期损益,不按房地产项目进行归集或分摊。《中华人民共和国土地增值税实施细则》(以下简称《实施细则》)对三项费用的扣除,尤其是财务费用中数额较大的利息支出扣除,作出以下规定:财务费用中的利息支出,分两种情况确定扣除:凡能够按转让房地产项目计算分摊利息并提供金融机构证明的,允许据实扣除,但最高不能超过按商业银行同类同期贷款利率计算的金额。超过贷款期限的利息和加罚的利息,均不允许扣除。利息支出以外的其他房地产开发费用,按取得土地使用权支付的金额和房地产开发成本金额之和,在5%以内计算扣除。凡不能够按转让房地产项目计算分摊利息支出或不能提供金融机构证明的,利息支出不得单独计算,而应并入房地产开发费用中一并计算扣除。在这种情况下,允许扣除的房地产开发费用是按取得土地使用权支付的金额和房地产开发成本金额之和,在10%以内计算扣除。计算扣除的具体比例,由各省、自治区、直辖市人民政府规定。

④ 与转让房地产有关的税金。它是指在转让房地产时缴纳的营业税、城市维护建设税、印花税。因转让房地产缴纳的教育费附加,也可视同税金予以扣除。房地产开发企业在转让房地产时缴纳的印花税已列入管理费用的,在此不允许扣除。

⑤ 其他扣除项目。对从事房地产开发的纳税人,允许按取得土地使用权支付的金额和房地产开发成本金额之和,加计20%予以扣除。此条款只适用于从事房地产开发的纳税人,除此之外的其他纳税人均不适用。

2. 应纳税额的计算

土地增值税以转让房地产的增值额为税基,依据超率累进税率计算应纳税额。其应纳税额的计算公式如下:

$$应纳税额=\sum(每级距的土地增值额\times 适用税率)$$

分步计算比较烦琐,实际工作中一般采用速算扣除法计算,具体公式如下:

$$应纳税额=增值额\times 适用税率-允许扣除项目金额\times 速算扣除系数$$

【**例 8-3**】 某房地产开发公司出售高档住宅取得收入 4 500 万元。其有关支出如下:支付地价款 700 万元,房地产开发成本 1 200 万元,开发土地费用 120 万元,缴纳的有关税费为 140 万元。计算其应纳土地增值税税额。

解:允许扣除项目的金额=(700+1 200)×(1+20%)+120+140=2 540(万元)

增值额=4 500-2 540=1 960(万元)

增值额与扣除项目金额的比率=1 960÷2 540=77.17%

应纳土地增值税税额=1 960×40%-2 540×5%=657(万元)

三、土地增值税的核算

土地增值税的纳税人无论是主营还是兼营房地产的开发和销售,均应在"应交税费"科目下设置"应交土地增值税"明细科目。该科目贷方核算本期应缴纳的土地增值税税额;借方核算实际缴纳数额;贷方余额表示企业应缴未缴的土地增值税税额。但由于企业的经营内容不同,对土地增值税的核算也存在一定的差异。

1. 房地产开发企业土地增值税的会计处理

计算应交土地增值税时,借记"营业税金及附加"科目,贷记"应交税费——应交土地增值税"科目;实际缴纳时,借记"应交税费——应交土地增值税"科目,贷记"银行存款"科目。

【**例 8-4**】 某房地产开发企业销售一栋写字楼,取得收入 1 000 万元,扣除项目金额合计为 550 万元。计算该企业应纳土地增值税税额,并做出相关会计处理。

解:增值额=1 000-550=450(万元)

增值额与扣除项目金额的比率=450÷550=81.82%

应纳土地增值税税额=450×40%-550×5%=152.5(万元)

做会计分录如下:

① 计提税金时：

借：营业税金及附加　　　　　　　　　　　　　1 525 000
　　　贷：应交税费——应交土地增值税　　　　　　　　　1 525 000

② 实际缴纳时：

借：应交税费——应交土地增值税　　　　　　　1 525 000
　　　贷：银行存款　　　　　　　　　　　　　　　　　　1 525 000

2. 其他企业土地增值税的会计处理

(1) 兼营房地产开产企业土地增值税的核算

兼营房地产的企业应纳土地增值税税额，应借记"其他业务成本"科目，贷记"应交税费——应交土地增值税"科目；实际缴纳时，借记"应交税费——应交土地增值税"科目，贷记"银行存款"科目。

【例 8-5】 某兼营房地产开发的企业销售房屋一栋，取得收入 2 000 万元，扣除项目金额合计为 902 万元。计算该企业应纳土地增值税税额，并做出相关会计处理。

解：增值额 = 2 000 − 902 = 1 098（万元）

增值额与扣除项目金额的比率 = 1 098 ÷ 902 = 121.73%

应纳土地增值税税额 = 1 098 × 50% − 902 × 15% = 413.7（万元）

做会计分录如下：

① 计提税金时：

借：其他业务成本　　　　　　　　　　　　　　4 137 000
　　　贷：应交税费——应交土地增值税　　　　　　　　　4 137 000

② 实际缴纳时：

借：应交税费——应交土地增值税　　　　　　　4 173 000
　　　贷：银行存款　　　　　　　　　　　　　　　　　　4 173 000

(2) 非房地产开发企业土地增值税的核算

非房地产开发企业转让国有土地使用权连同地上建筑物及其附着物的，按其转让应纳的土地增值税，借记"固定资产清理"科目，贷记"应交税费——应交土地增值税"科目；实际缴纳时，借记"应交税费——应交土地增值税"科目，贷记"银行存款"科目。

【例 8-6】 某企业为商业企业，销售其办公大楼一栋，收入 800 万元，扣除项目金额合计为 650 万元。计算该企业应纳土地增值税税额，并做出相关会计处理。

解：增值额 = 800 − 650 = 150（万元）

增值额与扣除项目金额的比率 = 150 ÷ 650 = 23%

应纳土地增值税税额 = 150 × 30% = 45（万元）

做会计分录如下：

① 计提税金时：

借：固定资产清理　　　　　　　　　　　　　　450 000
　　　贷：应交税费——应交土地增值税　　　　　　　　　450 000

② 实际缴纳时：
借：应交税费——应交土地增值税　　　　　　450 000
　　贷：银行存款　　　　　　　　　　　　　　　　450 000

四、土地增值税的申报与缴纳

1. 税纳税义务发生时间

土地增值税的纳税义务发生时间受房地产交易和结算方式影响，具体有以下三种情况：

① 以一次交割付款方式转让房地产的，在办理过户、登记手续前一次性缴纳全部税款。

② 以分期收款方式转让的，先计算应纳税总额，再根据合同约定的收款日期和收款比例确定应纳税款。

③ 项目竣工结算前转让房地产，如果纳税人进行的是小区开发建设，其中一部份因先行开发已转让出去，税务机关对先行转让的项目，可在取得收入时预征土地增值税；如果纳税人以预售方式转让房地产，税务机关可对在办理结算和转交手续前取得的收入预征土地增值税。具体办法由各省、自治区、直辖市地方税务局根据当地情况制定。

2. 纳税期限

凡领取了工商营业执照，并已办理税务登记的房地产开发企业，不论是否取得房地产转让收入，均应于每季终了后的10日内办理纳税申报手续；取得转让收入的，应同时缴纳土地增值税。

其他纳税人应自房地产转让合同签订之日起7日内办理纳税申报手续，并向税务机关提交有关规定的资料。纳税人因经常发生房地产转让而难以在每次转让后申报的，经税务机关审核同意后，可以定期进行纳税申报，具体期限由税务机关根据具体情况确定。

3. 纳税地点

土地增值税的纳税人应向房地产所在地主管税务机关办理纳税申报。这里所说的房地产所在地，是指房地产的坐落地。纳税人转让的房地产坐落在两个或两个以上地区的，应按房地产所在地分别申报。

4. 纳税申报表的填制

土地增值税纳税人应按有关规定及时办理纳税申报，并应如实填写《土地增值税纳税申报表》(见表8-3、表8-4)。

表 8－3　土地增值税纳税申报表(一)
（从事房地产开发的纳税人适用）

填表日期：　　年　　月　　日

纳税人识别号：　　　　　　　　　　　　　　　　　　　　　　　　元(列至角分)

纳税人名称			税款所属时期	
项　目			行次	金　额
一、转让房地产收入总额 1＝2＋3			1	
其中		货币收入	2	
		实物收入和其他收入	3	
二、扣除项目金额合计 4＝5＋6＋13＋16＋20			4	
1. 取得土地使用权所支付的金额			5	
2. 房地产开发成本 6＝7＋8＋9＋10＋11＋12			6	
其中		土地征用及拆迁补偿费	7	
		前期工程费	8	
		建筑安装工程费	9	
		基础设施费	10	
		公共配套设施费	11	
		开发间接费用	12	
3. 房地产开发费用 13＝14＋15			13	
其中		利息支出	14	
		其他房地产开发费用	15	
4. 与转让房地产有关的税金等 16＝17＋18＋19			16	
其中		营业税	17	
		城市维护建设税	18	
		教育费附加	19	
5. 财政部规定的其他扣除项目			20	
三、增值额 21＝1－4			21	
四、增值额与扣除项目金额之比(%) 22＝21÷4			22	
五、适用税率(%)			23	
六、速算扣除系数(%)			24	
七、应缴土地增值税税额 25＝21×23－4×24			25	
八、已缴土地增值税税额			26	

(续表)

项 目	行次	金 额
九、应补(退)土地增值税税额 27=25－26	27	

如纳税人填报,由纳税人填写以下各栏		如委托代理人填报,由代理人填写以下各栏		备注
		代理人名称	代理人(签章)	
		代理人地址		
		代理人姓名	电话	
以下由税务机关填写				
收到申报表日期		接收人		

表 8－4　土地增值税纳税申报表(二)
(非从事房地产开发的纳税人适用)
填表日期：　　年　月　日

金额单位：人民币元　　　　　　　　　　　　　　　　　　　面积单位：平方米

企业编码		税务登记号	
纳税人名称		税款所属时期	
办税员证号	办税员		电话

项　目		行　次	金　额
一、转让房地产收入总额		1=2+3	
其中	货币收入	2	
	实物收入及其他收入	3	
二、扣除项目金额计算		4=5+6+9	
1. 取得土地使用权所支付的金额		5	
2. 旧房及建筑物的评估价格		6=7×8	
其中	旧房及建筑物的重置成本价	7	
	成新度折扣率	8	
3. 与转让房地产有关的税金等		9>10+11+12+13	
其中	营业税	10	
	城市维护建设税	11	
	印花税	12	
	教育附加费	13	
三、增值额		14=1-4	

(续表)

项目	行次	金额
四、增值税与扣除项目金额之比	15=14÷4	
五、适用税率(%)	16	
六、速算扣除率(%)	17	
七、应缴土地增值税税额	18=14×16−4×17	
如纳税人填报，由纳税人填写以下各栏		委托代理人填报，由委托代理人填写以下各栏		备注
会计主管（签章）	经办人（签章）	纳税人（签章）	代理人名称		代理人（签章）	
			代理人地址			
			经办人		电话	
以下由税务机关填写						
收到申报表日期		年　月　日	接收人			

任务 8.3　资源税纳税实务

资源税是对在我国境内从事开采应税矿产品或者生产盐的单位和个人，因资源贮存和开发条件差异而形成的级差收入所征收的一种税。

一、资源税基本制度

1. 纳税义务人

资源税的纳税义务人是指在中华人民共和国领域或管辖海域开采规定的矿产品或者生产盐的单位和个人。

针对税源零星、分散、不定期开采、不易控管的情况，为了加强管理，避免漏洞，《资源税暂行条例》规定，独立矿山、联合企业及其他收购未税矿产品的单位和个人为扣缴义务人，但自然人不能作为资源税的扣缴义务人。

2. 征税范围

目前，我国资源税的征税范围只包括矿产品和盐两类。其具体税目包括以下两种：

（1）矿产品

矿产品包括原油、天然气、煤炭、金属矿产品和其他非金属矿产品等。

① 原油是指开采的天然原油，不包括人造石油。

② 天然气是指专门开采或与原油同时开采的天然气，暂不包括煤矿生产的天然气。

③ 煤炭是指原煤，不包括洗煤、选煤及其他煤炭制品。

④ 其他非金属矿原矿是指原油、天然气、煤炭和井矿盐以外的非金属矿原矿，包括宝

石、玉石、金刚石等。

⑤ 黑色金属矿原矿包括铁矿石、锰矿石和铬矿石等。

⑥ 有色金属矿原矿包括铜矿石、铅锌矿石、铝土矿石、钨矿石等。

（2）盐

盐包括固体盐和液体盐。

① 固体盐是指海盐原盐、湖盐原盐和井矿盐。

② 液体盐(卤水)是指氯化钠含量达到一定浓度的溶液，是用于生产碱和其他产品的原料。

3. 税目、税率

资源税设置以下七大税目，原油、天然气采用比例税率；其他资源采用定额税额。具体税目和税率见表 8-5。

表 8-5 资源税税目、税率表

税 目		税 率
一、原油		销售额的 5%～10%
二、天然气		销售额的 5%～10%
三、煤炭	焦煤	8～20 元/吨
	其他煤炭	0.3～5 元/吨
四、其他非金属矿原矿	普通	每吨或每立方米 0.5～20 元
	贵重	每千克或者每克里 0.5～20 元
五、黑色金属矿原矿		2～30 元/吨
六、有色金属矿原矿	稀土矿	0.4～60 元/吨
	其他	0.4～30 元/吨
七、盐	固体盐	10～60 元/吨
	液体盐	2～10 元/吨

对于纳税人开采或者生产不同税目应税产品的，应当分别核算不同税目应税产品和课税数量；未分别核算或者不能准确提供不同应税产品课税数量的，从高适用税额。

4. 税收优惠政策

下列情况可减征或者免征资源税：

① 开采原油过程中用于加热、修井的原油免税。

② 纳税人开采或者生产应税产品过程中，因意外事故、自然灾害等原因遭受重大损失的，由省、自治区、直辖市人民政府酌情决定减税或者免税。

③ 国务院规定的其他减税、免税项目。

对于减税、免税项目，应当单独核算课税数量；未单独核算或者不能准确提供课税数量的,不予减税或免税。

二、资源税的计算

1. 计税依据

（1）销售额的确定

销售额为纳税人销售应税产品向购买方收取的全部价款和价外费用,但不包括收取的增值税销项税额。

（2）销售数量的确定

销售数量包括纳税人开采或者生产应税产品的实际销售数量和视同销售的自用数量。

纳税人不能准确提供应税产品销售数量的,以应税产品的产量或者主管税务机关确定的折算比换算成的数量为计征资源税的销售数量。

2. 应纳税额的计算

原油和天然气适用比例税率,其计算公式如下：

$$应纳税额 = 销售额 \times 比例税率$$

其他资源适用定额税率,其计算公式如下：

$$应纳税额 = 课税数量 \times 单位税额$$

【例 8-7】 某铜矿山以自产原矿入选铜精矿,已知入选后精矿为 4 000 吨,选矿比为 30%,该铜矿山属于五等,按规定适用 3 元/吨的单位税额,对有色金属矿按规定税额的 70% 征收。试计算该矿山应纳资源税税额。

解：应纳资源税税额 = 入选精矿数量 ÷ 选矿比 × 单位税额 × 70%
= 4 000 ÷ 30% × 3 × 70% = 28 000(元)

【例 8-8】 某盐场 6 月份以自产液体盐 5 000 吨加工成固体盐 3 000 吨,全部对外销售。该盐场固体盐适用的单位税额为 30 元/吨。计算该盐场当月应纳资源税税额。

解：应纳资源税税额 = 销售数量 × 适用的单位税额 = 3 000 × 30 = 99 000(元)

三、资源税的核算

资源税纳税人应设置"应交税费——应交资源税"科目核算资源税的计提和缴纳情况。该科目贷方核算本期应缴纳的资源税税额；借方核算实际缴纳或允许抵扣的资源税税额；贷方余额表示企业应缴未缴的资源税税额。在实际生产经营活动中,根据不同的情况,应采用不同的核算方法。

1. 销售应税矿产品的核算

企业对外销售应税矿产品应纳的资源税,借记"营业税金及附加"等科目,贷记"应交税费——应交资源税"科目；缴纳资源税时,借记"应交税费——应交资源税"科目,贷记"银行存款"科目。

【例8-9】 某煤矿11月份生产原煤10 000吨,当月销售7 500吨,每吨不含税售价为160元,该矿适用的单位税额为1.5元/吨。计算该煤矿当月应纳资源税税额,并做出相关会计处理。

解:应纳资源税税额=7 500×1.5=11 250(元)

做会计分录如下:

① 计提资源税时:

借:营业税金及附加　　　　　　　　　　　　　　　　　11 250
　　贷:应交税费——应交资源税　　　　　　　　　　　　　　　11 250

② 实际缴纳时:

借:应交税费——应交资源税　　　　　　　　　　　　　11 250
　　贷:银行存款　　　　　　　　　　　　　　　　　　　　　　11 250

2. 自产自用应税矿产品的核算

企业自产自用的应税矿产品应纳的资源税应计入产品生产成本,借记"生产成本"、"制造费用"等科目,贷记"应交税费——应交资源税"科目;上缴资源税时,借记"应交税费——应交资源税"科目,贷记"银行存款"科目。

【例8-10】 承上例,当月生产的原煤1 800吨用于提炼加工精煤。计算当月应纳资源税税额,并做出相关会计处理。

解:应纳资源税税额=1 800×1.5=2 700(元)

做会计分录如下:

① 计提资源税时:

借:生产成本　　　　　　　　　　　　　　　　　　　　2 700
　　贷:应交税费——应交资源税　　　　　　　　　　　　　　　2 700

② 实际缴纳时:

借:应交税费——应交资源税　　　　　　　　　　　　　2 700
　　贷:银行存款　　　　　　　　　　　　　　　　　　　　　　2 700

3. 收购未税矿产品的核算

企业收购未税矿产品,应按实际支付的收购价款,借记"材料采购"等科目,贷记"银行存款"等科目;按代扣代缴的资源税税额,借记"材料采购"科目,贷记"应交税费——应交资源税"科目。上缴资源税时,借记"应交税费——应交资源税"科目;贷记"银行存款"科目。

【例8-11】 某企业7月份收购未税矿产品2 000吨,该矿产品适用的单位资源税税额为24元/吨。计算该企业本月应代扣代缴的资源税,并做出相关会计处理。

解:应纳资源税税额=2 000×24=48 000(元)

做会计分录如下:

① 计提代扣代缴资源税时:

借:材料采购　　　　　　　　　　　　　　　　　　　　48 000

　　　　贷：应交税费——应交资源税　　　　　　　　　　48 000
　②实际缴纳资源税时：
　　借：应交税费——应交资源税　　　　　　　　　　48 000
　　　　贷：银行存款　　　　　　　　　　　　　　　　48 000

4. 外购液体盐加工固体盐的核算

　　纳税人以外购的液体盐加工成固体盐销售的，其加工固体盐所耗用液体盐的已纳税款准予扣除。当企业购入液体盐时，按所允许抵扣的资源税，借记"应交税费——应交资源税"科目；按外购价款扣除允许抵扣资源税税额后的余额，借记"材料采购"等科目；按应付的全部价款，贷记"银行存款"、"应付账款"等科目。

　　企业加工成固体盐后，在销售固体盐时按计算出的应交资源税，借记"营业税金及附加"科目；贷记"应交税费——应交资源税"科目。

　　将销售固体盐应纳资源税税额抵扣液体盐已纳资源税税额后的余额上缴时，借记"应交税费——应交资源税"科目；贷记"银行存款"科目。

　　【**例 8-12**】 某盐场 6 月份以自产液体盐 5 000 吨加工成固体盐 3 000 吨，以外购液体盐 1 000 吨加工成固体盐 500 吨，全部对外销售。外购液体盐已纳税款 6 000 元。该盐场固体盐适用的单位税额为 30 元/吨。计算该盐场当月应纳资源税税额，并做出相关会计处理。

　　解：应纳资源税税额＝销售数量×适用的单位税额－可以抵扣的已纳税额
　　　　　　　　　　＝(3 000＋500)×30－6 000＝99 000(元)

　　做会计分录如下：
　①计提固体盐应纳的资源税时：
　应纳税额＝(3 000＋500)×30＝105 000(元)
　　借：营业税金及附加　　　　　　　　　　　　　　105 000
　　　　贷：应交税费——应交资源税　　　　　　　　　105 000
　②缴纳资源税时：
　实际应纳资源税税额＝105 000－6 000＝99 000(元)
　　借：应交税费——应交资源税　　　　　　　　　　99 000
　　　　贷：银行存款　　　　　　　　　　　　　　　　99 000

四、资源税的申报与缴纳

1. 税纳税义务发生时间

　①纳税人销售应税产品，其纳税义务发生的时间为：纳税人采取分期收款结算方式的，其纳税义务发生时间为销售合同规定的收款日期的当天；纳税人采取预收货款结算方式的，其纳税义务发生时间为发出应税产品的当天；纳税人采取其他结算方式的，其纳税义务发生时间为收到销售款或者取得索取销售款凭据的当天。

② 纳税人自产自用应税产品的纳税义务发生时间为移送使用应税产品的当天。

③ 扣缴义务人代扣代缴税款的纳税义务发生时间为支付首笔货款或者开具应支付货款凭据的当天。

2. 纳税期限

资源税的纳税期限为 1 日、3 日、5 日、10 日、15 日或者 1 个月,纳税人的纳税期限由主管税务机关根据实际情况具体核定;不能按固定期限计算缴纳的,可以按次计算缴纳。

纳税人以 1 个月为一期纳税的,自期满之日起 10 日内申报纳税;以 1 日、3 日、5 日、10 日或者 15 日为一期纳税的,自期满之日起 5 日内预缴税款,于次月 1 日起 10 日内申报纳税并结清上月应纳税款。

扣缴义务人的解缴税款期限,可比照执行。

3. 纳税地点

① 凡是缴纳资源税的纳税人,都应当向应税产品的开采或者生产所在地主管税务机关缴纳税款。

② 如果纳税人在同一省、自治区、直辖市范围内开采或者生产应税产品,其纳税地点需要调整的,由所在省、自治区、直辖市税务机关决定。

③ 如果纳税人应纳的资源税属于跨省开采的,其下属生产单位与核算单位不在同一省、自治区、直辖市的,对其开采的矿产品一律在开采地纳税,其应纳税款由独立核算、自负盈亏的单位,按照开采地的实际销售量(或自用量)及适用的单位税额计算划拨。

④ 扣缴义务人代扣代缴的资源税也应当向收购地主管税务机关缴纳。

4. 纳税申报表的填制

资源税纳税人应按有关规定及时办理纳税申报,并应如实填写《资源税纳税申报表》(见表 8-6)。

表 8-6 资源税纳税申报表

填表日期: 年 月 日

纳税人识别号: 元(列至角分)

纳税人名称				税款所属时期			
产品名称	课税单位	课税数量	单位税额	应纳税款	已纳税款	应补(退)税款	备注
应纳税项目							

(续表)

产品名称	课税单位	课税数量	单位税额	应纳税款	已纳税款	应补(退)税款	备注
减免税项目							

如纳税人填报,由纳税人填写以下各栏		如委托代理人填报,由但理人填写以下各栏		备注
会计主管 (签章)	纳税人 (公章)	代理人名称	代理人 (公章)	
		代理人地址		
		经办人	电话	
以下由税务机关填写				
收到申报表日期		接收人		

任务 8.4 城镇土地使用税纳税实务

城镇土地使用税是以城镇土地为征税对象,对在城镇范围内拥有土地使用权的单位和个人征收的一种税。《中华人民共和国城镇土地使用税暂行条例》于 2006 年 12 月 31 日修订,并于 2007 年 1 月 1 日起实施。

开征城镇土地使用税,变土地的无偿使用为有偿使用,有利于保护土地资源,合理利用和节约使用城镇土地,提高土地使用效益;有利于调节不同地区、不同地段之间的土地级差收入;也有利于增加国家财政收入,为城市建设积累资金。

一、城镇土地使用税基本制度

1. 纳税义务人

城镇土地使用税的纳税义务人为在城市、县城、建制镇、工矿区范围内使用土地的单位和个人,包括外国企业和外商投资企业。它具体包括:

① 拥有土地使用权的单位和个人。

② 拥有土地使用权的单位和个人不在土地所在地的,其土地的实际使用人或代管人为纳税义务人。

③ 土地使用权未确定或权属纠纷未解决的,实际使用人为纳税义务人。

④ 土地使用权共有的,共有各方都是纳税义务人,由共有各方分别纳税。

2. 征税范围

城镇土地使用税的征税范围包括在城市、县城、建制镇和工矿区内的国家所有和集体所有的土地。

① 城市是指经国务院批准设立的市。

② 县城是指县人民政府所在地。

③ 建制镇是指经省、自治区、直辖市人民政府批准设立的建制镇。

④ 工矿区是指工商比较发达,人口比较集中,符合国务院规定的建制镇标准,但未设立建制镇的大中型工矿企业所在地。工矿区须经省、自治区、直辖市人民政府批准。建立在城市、县城、建制镇和工矿区以外的工矿企业不需要缴纳城镇土地使用税。

3. 税率

城镇土地使用税采用有幅度的差别定额税率,按大、中、小城市和县城、建制镇、工矿区分别规定每平方米土地使用税年应纳税额。其具体税率见表8-7。

表8-7 城镇土地使用税税率表

级　　别	人口/人	税额/(元/平方米)
大城市	50万以上	1.5～30
中等城市	20万～50万	1.2～24
小城市	20万以下	0.9～18
县城、建制镇、工矿区	—	0.6～12

4. 税收优惠政策

(1) 免缴城镇土地使用税

① 国家机关、人民团体、军队自用的土地。

② 由国家财政部门拨付事业经费的单位自用的土地。

③ 宗教寺庙、公园、名胜古迹自用的土地。

④ 市政街道、广场、绿化地带等公共用地。

⑤ 直接用于农、林、牧、渔业的生产用地。

⑥ 经批准开山填海整治的土地和改造的废弃土地,从使用的月份起免缴土地使用税5～10年。

⑦ 企业办的学校、医院、托儿所、幼儿园,其用地能与企业其他用地明确区分的,免征城镇土地使用税。

⑧ 由财政部另行规定免税的能源、交通、水利设施用地和其他用地。

(2) 由省、自治区、直辖市地方税务局确定减免土地使用税

① 个人所有的居住房屋及院落用地。

② 房产管理部门在房租调整改革前经租的居民住房用地。

③ 免税单位职工家属的宿舍用地。

④ 民政部门举办的安置残疾人占一定比例的福利工厂用地。

⑤ 集体和个人办的各类学校、医院、托儿所、幼儿园用地。

⑥ 城镇内的集贸市场(农贸市场)用地等。

二、城镇土地使用税额的计算

1. 计税依据

城镇土地使用税以纳税人实际占用的土地面积为计税依据,具体按下列办法确定:

① 由省、自治区、直辖市人民政府确定的单位组织测定土地面积的,以其测定面积为准。

② 尚未组织测量,但纳税人持有政府部门核发的土地使用证书的,以证书确认的土地面积为准。

③ 尚未核发土地使用证书的,应由纳税人据实申报的土地面积,据以纳税,待核发土地使用证书后再做调整。

2. 应纳税额的计算

其应纳税额的计算公式如下:

$$全年应纳税额 = 实际占用应税土地面积(平方米) \times 适用税额$$

【例 8-13】 设在某市的购物中心实行统一核算,土地使用证上载明,该企业实际占有土地情况为:中心店占地面积 8 200 平方米,分店占地面积 5 800 平方米。经税务机关确认,该企业所占用土地分别适用以下税额:中心店位于一等地段,每平方米年税额为 7 元;分店位于二等地段,每平方米年税额为 5 元。计算该购物中心年应纳城镇土地使用税税额。

解:年应纳城镇土地使用税税额 = 8 200×7 + 5 800×5 = 86 400(元)

三、城镇土地使用税的核算

企业应在"应交税费"科目下设置"应交城镇土地使用税"明细科目进行核算。该科目贷方核算本期应缴纳的城镇土地使用税税额;借方核算实际缴纳的税额;贷方余额表示企业应缴未缴的城镇土地使用税税额。

在计提应缴纳的城镇土地使用税时,借记"管理费用"科目,贷记"应交税费——应交城镇土地使用税"科目;实际缴纳时,借记"应交税费——应交城镇土地使用税"科目,贷记"银行存款"科目。

【例 8-14】 承上例,做出相关会计处理。

① 计提应缴纳的城镇土地使用税时:

借:管理费用　　　　　　　　　　　　　　　86 400
　　贷:应交税费——应交城镇土地使用税　　　　86 400

② 实际缴纳时:

借:应交税费——应交城镇土地使用税　　　　86 400
　　贷:银行存款　　　　　　　　　　　　　　86 400

四、城镇土地使用税的申报与缴纳

1. 纳税期限

城镇土地使用税实行按年计算、分期缴纳的征收方法。其具体纳税期限由各省、自治区、直辖市地方人民政府确定,一般分别确定按月、季、半年或 1 年等不同的期限缴纳。

2. 纳税地点

城镇土地使用税的纳税地点为土地所在地,由土地所在地的税务机关负责征收。土地管理机关应当向土地所在地的税务机关提供土地使用权属资料。纳税人使用的土地不属于同一省(自治区、直辖市)管辖范围的,应由纳税人分别向土地所在地的税务机关缴纳土地使用税;在同一省(自治区、直辖市)管辖范围内,纳税人跨地区使用的土地,由各省、自治区、直辖市地方税务局确定其纳税地点。

3. 申报与缴纳

城镇土地使用税的纳税人应按照《中华人民共和国城镇土地使用税暂行条例》的有关规定及时办理纳税申报,并如实填写《城镇土地使用税申报表》。纳税人新征用的土地,必须于批准新征用之日起 30 日内申报登记。纳税人如有住址变更、土地使用权属转换等情况,应从变更、转换之日起,按规定期限办理申报变更登记。

任务 8.5　房产税纳税实务

房产税是以房产为征税对象,依据房产价格或房产租金收入向房产所有人或经营人征收的一种税。现行房产税的基本规范是 1986 年 9 月 15 日颁布的《中华人民共和国房产税暂行条例》。

对房产征税的主要目的是运用税收杠杆加强对房产的管理,提高房产使用效率,合理调节房产所有人和经营人的收入,并为地方财政筹集一部分市政建设资金。

一、房产税基本制度

1. 纳税义务人

房产税的纳税义务人为房屋产权所有人,具体规定如下:

① 产权属国家所有的,由经营管理单位纳税;产权属集体和个人所有的,由集体单位和个人纳税。

② 产权出典的,由承典人纳税。所谓产权出典,是指产权所有人将房屋、生产资料等的产权,在一定期限内典当给他人使用而取得资金的一种融资业务。由于在房屋出典期间,产权所有人已无权支配房屋,因此,税法规定由对房屋具有支配权的承典人为纳税人。

③ 产权所有人、承典人不在房屋所在地的,或者产权未确定及租典纠纷未解决的,由房产代管人或者使用人纳税。

④ 纳税单位和个人无租使用房产管理部门、免税单位的房产,应由使用人代为缴纳房产税。

⑤ 外商投资企业和外国企业暂不缴纳房产税。

2. 征税范围

房产税的征税对象是房产。房地产企业建造的商品房,在出售前,不征收房产税;但对其出售前已使用或出租、出借的商品房应征收房产税。具体征税范围为城市、县城、建制镇和工矿区。房产税的征收范围不包括农村,这主要是为了减轻农民负担。

3. 税率

我国现行房产税采用比例税率。由于房产税的计税依据分为从价计征和从租计征两种形式,所以房产税的税率也有两种,即从价计征的比例税率为1.2%、从租计征的比例税率为12%。

4. 税收优惠政策

目前,房产税的税收优惠政策主要有以下几个方面:

① 国家机关、人民团体、军队自用的房产,免征房产税。

② 由国家财政部门拨付事业经费的单位,如学校、医疗卫生单位、体育、托儿所、幼儿园、文化艺术团体等实行全额或差额预算管理的事业单位所有的,本身业务范围内使用的房产,免征房产税。

③ 宗教寺庙、公园、名胜古迹自用的房产,免征房产税。

④ 个人所有非营业用的房产,免征房产税。

⑤ 经财政部批准免税的其他房产。

⑥ 除以上可以免征房产税的情况外,如纳税人确实有困难的,可由省、自治区、直辖市人民政府确定,定期减征或者免征房产税。

二、房产税的计算

1. 计税依据

房产税的计税依据是房产的计税价值或租金收入。按照房产计税价值征税的,称为从价计征;按照房屋租金收入计征的,称为从租计征。

(1) 从价计征

从价计征是指依据房产原值一次扣除10%~30%的余值计算缴纳房产税。房产原值是指纳税人按照会计制度规定,在"固定资产"科目中记载的房屋原价。关于房产原值的确定还需注意以下问题:

① 没有记载房屋原价的,应参照同类房屋确定房产原值,按规定计征房产税。

② 房产原值应包括与房屋不可分割的各种附属设备或一般不单独计算价值的配套设施,主要有暖气、卫生、通风、照明、煤气等设备及各种管线。

③ 纳税人对原有房屋进行改建、扩建的,要相应增加房屋的原值。

④ 新建房屋交付使用时,如中央空调设备已计算在房产原值之中,则房产原值应该包括中央空调设备;如果中央空调设备作为单项固定资产入账,单独核算并提取折旧,则房产原值不应包括中央空调设备。

⑤ 对投资联营的房产,在计征房产税时要区别对待。对于以房产投资联营,投资者参与投资利润分红,共担风险的,按房产的余值作为计税依据计征房产;对以房产投资,收取固定收入,不承担联营风险的,实际是以联营名义取得房产租金,按租金收入计算缴纳房产税。

⑥ 融资租赁房产,其实质是变相的分期付款购买固定资产,所以在计征房产税时应以房产余值计算征收。

在确定计税余值时,房产原值的具体减除比例由各省、自治区、直辖市人民政府在税法规定的减除幅度内自行确定。

(2) 从租计征

房产出租的,以房产的租金收入作为计税依据。所谓的房产租金收入,是指房屋产权所有人出租房产使用权所得的报酬,包括货币收入和实物收入。对以劳务或其他形式作为报酬抵付房租收入的,应根据当地同类房产的租金水平,确定一个标准租金额从租计征。

纳税人对个人出租房屋的租金收入申报不实或申报数与同一地段同类房屋的租金收入相比明显不合理的,税务部门可以按照有关法规,采取科学合理的方法核定其应纳税款。

2. 应纳税额的计算

(1) 从价计征

从价计征是按房产原值减除一定比例后的余值计征。其应纳税额的计算公式如下:

$$应纳税额 = 应税房产原值 \times (1 - 扣除比例) \times 1.2\%$$

【例8-15】 某工厂坐落在某城市郊区,生产用厂房原值为5 000 000元,在农村设有仓库,原值300 000元。当地允许扣除的比例为25%。计算该工厂应纳房产税税额。

解: 应纳房产税税额 = 5 000 000 × (1 - 25%) × 1.2% = 45 000(元)

(2) 从租计征

从租计征是按房产的租金收入计征。其应纳税额的计算公式如下:

$$应纳税额 = 租金收入 \times 12\%$$

【例8-16】 某企业出租房屋5间,年租金收入为30 000元,适用税率为12%。计算该企业应纳房产税税额。

解: 应纳房产税税额 = 30 000 × 12% = 3 600(元)

三、房产税的核算

为准确反映房产税的计提和解缴情况,企业应在"应交税费"科目下设置"应交房产税"明细科目进行核算。该科目贷方核算本期应缴纳的房产税额;借方核算实际缴纳的房产税额;贷方余额表示企业应缴未缴的房产税额。

计提应缴纳的房产税时,借记"管理费用"科目,贷记"应交税费——应交房产税"科目;实际缴纳时,借记"应交税费——应交房产税"科目,贷记"银行存款"科目。

【例8-17】 某企业年初固定资产账面显示,所有房屋及建筑物原价3 000万元,当地扣除比例为30%,适用税率1.2%,计算该企业应纳房产税税额,并做出相关会计处理。

解:应纳房产税税额=3 000×(1-30%)×1.2%=25.5(万元)

做会计分录如下:

① 计提应缴纳的房产税时:

借:管理费用　　　　　　　　　　　　　　　　255 000
　　贷:应交税费——应交房产税　　　　　　　　　255 000

② 实际缴纳时:

借:应交税费——应交房产税　　　　　　　　　　255 000
　　贷:银行存款　　　　　　　　　　　　　　　　255 000

四、房产税的申报与缴纳

1. 纳税义务发生时间

① 纳税人将原有房产用于生产经营,从生产经营之月起缴纳房产税。

② 纳税人自行新建房屋用于生产经营的,从建成之次月起缴纳房产税。

③ 纳税人委托施工企业建设的房屋,从办理验收手续之次月起缴纳房产税。

④ 纳税人购置新建商品房,自房屋交付使用之次月起缴纳房产税。

⑤ 纳税人购置存量房,自办理房屋权属转移、变更登记手续、房地产权属登记机关签发房屋权属证书之次月起缴纳房产税。

⑥ 纳税人出租、出借房产,自交付出租、出借房产之次月起缴纳房产税。

⑦ 房地产开发企业自用、出租、出借本企业建造的商品房,自房屋使用或交付之次月起缴纳房产税。

2. 纳税期限

房产税实行按年计算、分期缴纳的征收办法,具体纳税期限由省、自治区、直辖市人民政府确定。

3. 纳税地点

房产税在房产所在地缴纳。房产不在同一地方的纳税人,应按房产的坐落地点分别向房产所在地的税务机关纳税。

4. 申报与缴纳

纳税人应按照房产税法规的要求,根据现有房屋的坐落地点、结构、面积、原值、出租收入等情况,如实填写《房产税纳税申报表》(略),向房屋所在地税务机关办理纳税申报。

任务 8.6　车船税纳税实务

车船税是在中华人民共和国境内的车辆、船舶的所有人或者管理人应缴纳的一种税。现行车船税的基本规范,是国务院 2006 年 12 月 29 日颁布并于 2007 年 1 月 1 日实施的《中华人民共和国车船税暂行条例》。

开征车船税,从车船所有人和管理人的手中集中一部分资金,可以增加地方财政,并缓解运力紧张的矛盾;可以促使纳税人加强对已有车船、使用车船的管理与核算,合理利用车船,提高其使用效率。

一、车船税基本制度

1. 纳税义务人

车船税的纳税义务人是指在中华人民共和国境内的车辆、船舶的所有人或者管理人。

2. 征税范围

车船税的征税范围是指依法应当在我国车船管理部门登记的车船;依法不需要在车船管理部门登记、在单位内部场所行使或者作业的机动车辆和船舶。

① 车辆包括机动车辆和非机动车辆。机动车辆包括汽车、拖拉机、无轨电车等;非机动车辆包括三轮车、自行车、畜力驾驶车等。

② 船舶包括机动船舶和非机动船舶。机动船舶包括客船、货船、气垫船等;非机动船舶包括木船、帆船、舢板等。

3. 税率

车船税实行幅度定额税率,根据车船不同情况分别设计不同的定额。各省、自治区、直辖市人民政府在规定的税额幅度内,根据当地实际情况,确定具体的适用税额,具体见表 8-8。

表 8-8　车船税税目、税额幅度表

税　目		计税单位	每年税额/元
乘用车		每辆	60～5 400
商用车	客车	每辆	480～1 440
	货车	整备质量每吨	16～120
挂车		整备质量每吨	按照货车税额的 50% 计算
其他车辆		整备质量每吨	16～120
摩托车		每辆	36～180
船舶	机动船舶	净吨位每吨	3～6
	游艇	艇身长度每米	600～2 000

对车船税额的确定,还要注意以下几种情况:

① 对车辆净吨位尾数在半吨以下者,按半吨计算;超过半吨者,按1吨计算。

② 机动车挂车,按机动载货汽车税额的7折计征车船税。

③ 对拖拉机,主要从事运输业务的,按拖拉机所挂拖车的净吨位计算,税额按机动载货汽车税额的5折计征车船税。

④ 客货两用汽车,载人部分按乘人汽车税额减半征税,载货部分按机动载货汽车税额征税。

⑤ 船舶不论净吨位或载重吨位,尾数在半吨以下者免计,超过半吨者,按1吨计算;不及1吨的小型船只,一律按1吨计算。拖轮本身不能载货,其计税标准可按每马力折合净吨位的5折计算。

4. 税收优惠政策

《车船税暂行条例》对车船税的税收优惠政策作了明确规定,同时授权省、自治区、直辖市人民政府对纳税确有困难的纳税人,可以定期减征或者免征;对个人自有自用的自行车,自行确定其车船税的征收或者减免。

(1) 法定的免税车船

① 非机动车船(不包括非机动驳船);

② 拖拉机;

③ 捕捞、养殖渔船;

④ 军队、武警专用的车船;

⑤ 警用车船;

⑥ 按照有关规定已经缴纳船舶吨税的船舶;

⑦ 依照我国有关法律和我国缔结或者参加的国际条约的规定应当予以免税的外国驻华使馆、领事馆和国际组织驻华机构及其有关人员的车船。

(2) 财政部批准免税的其他车船

① 残疾人专用的车辆;

② 企业办的各类学校、医院、托儿所、幼儿园自用的车船,如果能够明确划分清楚是完全自用的,则免税,划分不清,应照章纳税;

③ 对非营利性医疗机构、疾病控制机构和妇幼保健机构等卫生机构自用的车船。

二、车船税的计算

1. 计税依据

车船税以应税车船为征税对象,以征税对象的计量标准为计税依据,从量计征。车船税按车船的种类和性能,分别以辆、净吨位和载重吨位为计税依据。

① 除载货汽车以外的各种车辆,不论是机动车还是非机动车,均以"辆"为计税依据。

② 载货汽车和机动船以"净吨位"为计税依据。所谓净吨位,是指额定(或称预定)装

运货物的船舱(或车厢)所占用的空间容积。

③ 非机动船以"载重吨位"为计税依据。所谓载重吨位,是指船舶的实际载重量。

2. 应纳税额的计算

车船税根据不同类型的车船及其适用的计税标准分别计算应纳税额。其应纳税额的计算公式如下:

机动船和载货汽车的应纳税额=净吨位数×适用单位税额

非机动船的应纳税额=载重吨位数×适用单位税额

除载货汽车以外的机动车和非机动车的应纳税额=车辆数×适用单位税额

机动车挂车应纳税额=挂车净吨位数×(载货汽车净吨位年税额×70%)

从事运输业务的拖拉机应纳税额=所挂拖车的净吨位数×(载货汽车净吨位年税额×50%)

此外,客货两用汽车应纳税额分以下两步计算:

乘人部分应纳税额=辆数×(适用乘人汽车税额×50%)

载货部分应纳税额=净吨位数×适用单位税额

【例8-18】 某公司拥有车辆情况如下:载货汽车8辆,净吨位均为5吨;45座的大客车3辆;小轿车2辆。已知该地车船税的年税额载货汽车按净吨位每吨40元,乘人汽车10座以下每辆140元,11~12座每辆160元,21~30座每辆180元,31座以上每辆200元。计算该公司应纳车船税税额。

解:应纳车船税税额=8×5×40+3×200+2×140=2 480(元)

三、车船税的核算

企业应在"应交税费"科目下设置"应交车船税"明细科目对车船税的计提与缴纳情况进行核算。该科目贷方核算本期应缴纳的车船税税额;借方核算实际缴纳的车船税税额;贷方余额表示企业应缴未缴的车船税税额。

在计提应缴纳的车船税时,借记"管理费用"科目,贷记"应交税费——应交车船税"科目;实际缴纳时,借记"应交税费——应交车船税"科目,贷记"银行存款"科目。

【例8-19】 承上例,做出该公司相关会计处理。

① 计提应缴纳的车船税时:

借:管理费用　　　　　　　　　　　　　　　　2 480
　　贷:应交税费——应交车船税　　　　　　　　　　2 480

② 实际缴纳时:

借:应交税费——应交车船税　　　　　　　　　　2 480
　　贷:银行存款　　　　　　　　　　　　　　　　2 480

四、车船税的申报与缴纳

1. 纳税义务发生时间

车船税的纳税义务发生时间分为以下三种情况:

① 纳税人使用应税车船,从使用之日起纳税。
② 纳税人新购置车船使用的,从购置使用的当月起纳税。
③ 已向交通航运部门上报全年停运或者报废的车船,当年不发生车船税的纳税义务。停运后又重新使用的,从重新使用的当月起纳税。

2．纳税期限

车船税按年征收,分期缴纳,具体纳税期限由省、自治区、直辖市人民政府确定。

3．纳税地点

车船税的纳税地点在纳税人所在地。企业的车船上了外省的车船牌照,仍应在企业经营所在地纳税,而不在领取牌照的所在地纳税。各地地方税务部门不得对外省、市来的车船查补税款。

任务8.7　契税纳税实务

契税是以所有权发生转移变动的不动产为征税对象,向产权承受人征收的一种财产税。我国现行契税是国务院1997年7月7日颁布的《中华人民共和国契税暂行条例》,该条例于1997年10月1日起实施。

我国现行契税具有以下几个特点:

① 契税以发生转移的不动产,即土地和房屋为征税对象,具有财产转移课税性质。土地、房屋产权未发生转移的,不征契税。

② 契税由财产承受人缴纳。一般税种都确定销售者为纳税人,即卖方纳税。契税则属于土地、房屋产权发生交易过程中的财产税,由承受人纳税,即买方纳税。对买方征税的主要目的,在于承认不动产转移生效,承受人纳税以后,便可拥有转移过来的不动产产权或使用权,享受法律保护的合法权益。

一、契税基本制度

1．纳税义务人

契税的纳税义务人是在境内转移土地、房屋权属,承受的单位和个人。境内是指中华人民共和国实际税收行政管辖范围内。土地、房屋权属是指土地使用权和房屋所有权。承受是指以受让、购买、受赠、交换等方式取得土地、房屋权属的行为。单位是指企业单位、事业单位、国家机关、军事单位和社会团体以及其他组织。个人是指个体经营者及其他个人,包括中国公民和外籍人员。

2．征税范围

契税的征税对象是我国境内转移土地、房屋权属。它具体包括以下五项内容:

① 国有土地使用权出让是指土地使用者向国家交付土地使用权出让费用,国家将国有土地使用权在一定年限内让与土地使用者的行为。

② 土地使用权的转让是指土地使用者以出售、赠与、交换或者其他方式将土地使用权转移给其他单位和个人的行为,但不包括农村集体土地承包经营权的转移。

③ 房屋买卖即以货币为媒介,出卖者向购买者过渡房产所有权的交易行为。以房产抵债或实物交换房屋、以房产作投资或股权转让、买房拆料或翻建新房等特殊情况视同买卖房屋,缴纳契税。

④ 房屋赠与是指房屋产权所有人将房屋无偿转让给他人所有。房屋赠与的前提必须是产权无纠纷、赠与人和受赠人双方自愿。由于房屋是不动产,价值较大,故法律要求赠与房屋应有书面合同(契约),并到房地产管理部门或农村基层政权机关办理登记过户手续,才能生效。房屋的受赠人要按规定缴纳契税。以获奖方式取得房屋产权的,其实质是接受赠与房产,应照章缴纳契税。

⑤ 房屋交换是指房屋所有者之间相互交换房屋的行为。

3. 税率

契税实行3%～5%的幅度比例税率。实行幅度税率是考虑到我国经济发展的不平衡,各地经济差别较大的实际情况。因此,各省、自治区、直辖市人民政府可以在规定幅度内,根据本地区的实际情况确定具体税率。

4. 税收优惠

契税的税收优惠主要有以下几个方面:

① 国家机关、事业单位、社会团体、军事单位承受土地、房屋用于办公、教学、医疗、科研和军事设施的,免征契税。

② 城镇职工按规定第一次购买公有住房的,免征契税。

③ 因不可抗力灭失住房而重新购买住房的,酌情减免。不可抗力是指自然灾害、战争等不能预见、不能避免,并不能克服的客观情况。

④ 土地、房屋被县级以上人民政府征用、占用后,重新承受土地、房屋权属的,是否减征或者免征契税由省级人民政府确定。

⑤ 承受荒山、荒沟、荒丘、荒滩土地使用权,并用于农、林、牧、渔业生产的,免征契税。

⑥ 经外交部确认,依照我国有关法律规定及我国缔结或参加的双边和多边条约或协定,应当予以免税的外国驻华使馆、领事馆、联合国驻华机构及其外交代表、领事官员和其他外交人员承受土地、房屋权属。

税法规定,凡经批准减征、免征契税的纳税人,改变有关土地、房屋的用途,不再属于减免税的范围,应当补缴已经减征、免征的税款。

二、契税的计算

1. 计税依据

契税的计税依据为不动产的价格,即土地、房产权属转移时双方当事人签订的契约价格。由于土地、房屋权属转移方式不同,定价方法不同,因而具体计税依据应视不同情况确定。

① 国有土地使用权出让、土地使用权出售、房屋买卖,以成交价格为计税依据。成交价格是指土地、房屋权属转移合同确定的价格,包括承受者应交付的货币、实物、无形资产或者其他经济利益。

② 土地使用权赠与、房屋赠与,由征收机关参照土地使用权出售、房屋买卖的市场价格核定。

③ 土地使用权交换、房屋交换,为所交换的土地使用权、房屋的价格差额。就是说,交换价格相等时,免征契税;交换价格不等时,由多交付货币、实物、无形资产或者其他经济利益的一方缴纳契税。

④ 以划拨方式取得的土地使用权,经批准转让房地产时,由房地产转让者补缴契税,其计税依据为补缴的土地使用权出让费用或者土地收益。

为了避免偷、逃税款,税法规定,成交价格明显低于市场价格并且无正当理由的,或者所交换土地使用权、房屋的价格差额明显不合理并且无正当理由的,征收机关可以参照市场价格核定计税依据。

2. 应纳税额的计算

其应纳税额的计算公式如下:

$$应纳税额 = 计税依据 \times 税率$$

【例8-20】 居民甲有两套住房,将一套出售给居民乙,成交价格为360 000元;将另一套两室住房与居民丙交换,并另交付给丙换房差价60 000元。计算甲、乙、丙相关行为应纳契税税额(假定税率为3%)。

解:甲应纳契税税额 = 60 000 × 3% = 1 800(元)

乙应纳契税税额 = 360 000 × 3% = 10 800(元)

丙不缴纳契税。

三、契税的核算

纳税人取得土地使用权、房屋所有权按规定缴纳的契税,一般不通过"应交税费"科目核算,而是直接借记"固定资产"、"无形资产"和"管理费用"等科目;贷记"银行存款"等科目。

【例8-21】某单位购买一块土地使用权,成交价格为2 000万元,当地规定的契税税率为4%。计算该单位应纳契税税额,并做出相关会计处理。

解:应纳契税税额 = 2 000 × 4% = 80(万元)

借:无形资产　　　　　　　　　　　　　　800 000
　　贷:银行存款　　　　　　　　　　　　　　　800 000

四、契税的申报与缴纳

1. 纳税义务发生时间

契税的纳税义务发生时间是纳税人签订土地、房屋权属转移合同的当天,或者纳税人取得其他具有土地、房屋权属转移合同性质凭证的当天。

2. 纳税期限

纳税人应当自纳税义务发生之日起 10 日内,向土地、房屋所在地的契税征收机关办理纳税申报,并在契税征收机关核定的期限内缴纳税款。

3. 纳税地点

契税在土地、房屋所在地的征收机关缴纳。

任务 8.8 车辆购置税纳税实务

车辆购置税是以在中华人民共和国境内购置规定的车辆为课税对象,在特定的环节向车辆购置者征收的一种税。车辆购置税具有征收环节单一、征税具有特定目的、价外征收、税负不转嫁等特点。

一、车辆购置税基本制度

1. 纳税义务人

车辆购置税的纳税义务人是指在中人民共和国境内购买、进口、自产、受赠、获奖及以其他方式取得并自用应税车辆的单位和个人。

2. 征税范围

车辆购置税的征税范围包括汽车、摩托车、电车、挂车、农用运输车。

3. 税率

车辆购置税实行统一的比例税率,税率为 10%。

4. 税收优惠政策

车辆购置税的减免规定如下:

① 外国驻华使馆、领事馆和国际组织驻华机构及其外交人员自用车辆免税。

② 中国人民解放军和中国人民武装警察部队列入军队武器装备订货计划的车辆免税。

③ 设有固定装置的非运输车辆免税。

④ 有国务院规定予以免税或者减税的其他情形。如防汛部门、森林和消防部门购置的用于指挥、检查、调度、防汛(火)、联络的设有固定装置的指定型号的车辆;回国服务的留学人员用现汇购买的 1 辆个人自用国产小汽车;长期来华定居专家进口的 1 辆自用小

汽车等。

二、车辆购置税的计算

1. 计税依据

车辆购置税以应税车辆为征税对象。由于应税车辆购置的来源不同,计税价格的组成也不一样。车辆购置税的计税依据根据不同情况,按照下列规定确定:

① 纳税人购买自用的应税车辆以计税价格为计税依据。计税价格由销货方销售应税车辆向购买者收取的、除增值税以外的全部价款和价外费用组成。

② 纳税人进口自用的应税车辆以组成计税价格为计税依据。组成计税价格的计算公式如下:

$$组成计税价格=关税完税价格+关税+消费税$$

或:

$$组成计税价格=(关税完税价格+关税)\div(1-消费税税率)$$

③ 纳税人自产、受赠、获奖或者以其他方式取得并自用的应税车辆的计税价格,按购置该型号车辆的价格确认。不能取得购置价格或者低于计税价格的,由主管税务机关参照国家税务总局规定的相同类型应税车辆的最低计税价格核定。

④ 纳税人购买自用或者进口自用应税车辆,申报的计税价格低于同类型应税车辆的最低计税价格又无正当理由的,按照国家税务总局规定的最低计税价格征收车辆购置税。

2. 应纳税额的计算

车辆购置税实行从价定率的办法计算应纳税额。其应纳税额的计算公式如下:

$$应纳税额=计税价格\times税率$$

或:

$$应纳税额=组成计税价格\times税率$$

【例8-22】 甲购买自用小轿车一辆,支付价款160 000元(含增值税),另支付保险费360元,车辆装饰费280元。支付的各项价款均开具"机动车销售统一发票"和有关票据。计算甲应纳的车辆购置税税额。

解:计税价格=(160 000+360+280)÷(1+17%)=137 299.14(元)

应纳车辆购置税税额=137 299.14×10%=13 729.91(元)

三、车辆购置税的核算

企业缴纳的车辆购置税应当作为所购置车辆的成本。由于车辆购置税是一次性缴纳,因此它可以不通过"应交税费"科目进行核算。在具体进行会计核算时,对于企业实际缴纳的车辆购置税,应借记"固定资产"等科目;贷记"银行存款"科目。

【例8-23】 承例8-22,做出相关会计处理。

解:借:固定资产　　　　　　　　　　　　　　13 729.91

贷：银行存款　　　　　　　　　　　　13 729.91

四、车辆购置税的申报与缴纳

1. 纳税期限

纳税人购买自用应税车辆的,应当自购买之日起 60 日内申报纳税;进口自用应税车辆的,应当自进口之日起 60 日内申报纳税;自产、受赠、获奖或者以其他方式取得并自用应税车辆的,应当自取得之日起 60 日内申报纳税。

2. 纳税地点

纳税人购置应税车辆,应当向车辆登记注册地的主管税务机关申报纳税;购置不需要办理车辆登记注册手续的应税车辆,应当向纳税人所在地的主管税务机关申报纳税。

3. 申报与缴纳

纳税人办理纳税申报时应如实填写《车辆购置税纳税申报表》,同时提供以下资料的原件和复印件:车主身份证明、车辆价格证明、车辆合格证明。

任务 8.9　印花税纳税实务

印花税是对经济活动和经济交往中书立、使用、领受具有法律效力的凭证征收的一种税。它是一种具有行为税性质的凭证税,因由纳税人在应税凭证上自行粘贴印花税票完税而得名。开征印花税有利于加强对经济凭证的管理,促进经济行为的规范化、法制化;有利于培养纳税人的纳税观念和纳税自觉性,促进经营者建立健全会计制度及各类经济凭证。

我国现行印花税具有以下几个特点：

① 覆盖面广。印花税规定的征税范围广泛,涉及经济活动的各个方面。凡税法列举的合同或具有合同性质的凭证、产权转移书据、营业账簿及权利、许可证照等,都必须依法纳税。

② 税负轻微。印花税最高税率为 1‰,最低为 0.05‰;按定额税率征税的,每件 5 元。与其他税种相比,印花税税率确实要低得多,纳税人的税收负担非常轻微。

③ 自行纳税。即纳税人在书立、使用、领受应税凭证,发生纳税义务的同时,先自行计算其应纳税额;再由纳税人自行购买印花税票,并一次足额粘贴在应税凭证上;最后由纳税人按《中华人民共和国印花税暂行条例》的规定对已粘贴的印花税票自行注销或者划销。

一、印花税基本制度

1. 纳税义务人

印花税的纳税义务人是指在中华人民共和国境内书立、使用、领受应税凭证的单位和个人。单位是指国内各类企业、事业、机关、团体、部队以及中外合资企业、中外合作企业、外资企业、外国企业和其他经济组织及其在华机构等单位；个人是指我国公民和外国公民。根据书立、使用、领受应税凭证的不同，印花税的纳税人可分别称为立合同人、立据人、立账簿人、领受人和使用人。

① 立合同人是指合同的当事人，即对凭证有直接权利义务关系的单位和个人，但不包括担保人、证人、鉴定人。

② 立据人是指产权转移书据的立据人。

③ 立账簿人是指设立并使用营业账簿的单位和个人。

④ 领受人是指领取或接受并持有权利、许可证照的单位和个人。

⑤ 使用人在国外书立、领受，但在国内使用的应税凭证，其纳税人是使用人。

对合同、书据等凭证，凡属两方或两方以上当事人共同书立的，其当事人各方都是印花税的纳税人，各就其所持凭证所载的金额依率纳税。对在代理经济业务中，由代理人代办经济凭证的，则凭证当事人的代理人有代理纳税的义务。

2. 征税范围

印花税的征税对象是税法列举的各种应税凭证，具体范围包括以下几个方面：

① 购销合同。它包括供应、预购、采购、购销结合及协作、调剂、补偿、易货等合同；还包括出版单位与发行单位(不包括订阅单位和个人)之间订立的图书、报刊、音像征订凭证。

② 加工承揽合同。它包括加工、定做、修缮、修理、印刷、广告、测绘、测试等合同。

③ 建设工程勘察设计合同。它包括勘察、设计合同。

④ 建筑安装工程承包合同。它包括建筑、安装工程承包合同的总包合同、分包合同和转包合同。

⑤ 财产租赁合同。它包括租赁房屋、船舶、飞机、机动车辆、机械、器具、设备等合同。

⑥ 货物运输合同。它包括民用航空、铁路运输、海上运输、内河运输、公路运输和联运合同。

⑦ 仓储保管合同。它包括仓储保管合同或作为合同使用的仓单、栈单等。

⑧ 借款合同。银行及其他金融组织与借款人(不包括银行同业拆借)所签订的合同，以及只填开借据并作为合同使用、取得银行借款的借据。银行及其他金融机构经营的融资租赁业务，实际上是分期偿还的固定资金借款，因此融资租赁合同也属于借款合同。

⑨ 财产保险合同。它包括财产、责任、保证、信用等保险合同。

⑩ 技术合同。它包括技术开发、转让、咨询、服务等合同，以及作为合同使用的单据。

⑪ 产权转移书据。它是指单位和个人产权的买卖、继承、赠与、交换、分割所立的书据，包括财产所有权和版权、商标专用权、专利权、专有技术使用权等转移书据。对证券交易过程中发生的股权、债券书据转移，目前也列入印花税征税范围。

⑫ 营业账簿。它是指单位或者个人记载生产经营活动的财务会计核算账簿。营业账簿按其反映内容的不同，可分为记载资金的账簿和其他账簿。记载资金的账簿是指反

映生产经营单位资本金数额增减变化的账簿。其他账簿是指除上述账簿以外的有关其他生产经营活动内容的账簿,包括日记账簿和各明细分类账簿。

⑬ 权利、许可证照。它包括政府部门发给的房屋产权证、工商营业执照、商标注册证、专利证、土地使用证。

⑭ 经财政部确定征税的其他凭证。

3. 税率

印花税的税率设计遵循了税负从轻、共同负担的原则,采用比例税率和定额税率两种形式。对各类经济合同、产权转移书据和记载资金的账簿实行比例税率,因为这些凭证一般都记载有金额,按比例征税既能保证财政收入,又能体现合理负担。对其他账簿和权利许可证照采用定额税率,因为这些凭证比较特殊,有的是无法计算金额的凭证,如权利、许可证照;有的虽记载有金额,但以其作为计税依据又明显不合理,如其他账簿。采用定额税率,按件定额贴花,既便于纳税人缴纳,又便于税务机关征管。其税目、税率的具体规定见表8-9。

表8-9 印花税税目、税率表

税目	范围	税率	纳税人	说明
1. 购销合同	包括供应、预购、采购、购销结合及协作、调剂、补偿、易货等合同	按购销金额的0.3‰贴花	立合同人	
2. 加工承揽合同	包括加工、定作、修缮、修理、印刷、广告、测绘、测试等合同	按加工或承揽收入的0.5‰贴花	立合同人	
3. 建设工程勘察设计合同	包括勘察、设计合同	按收取费用的0.5‰贴花	立合同人	
4. 建筑安装工程承包合同	包括建筑、安装工程承包合同	按承包金额的0.3‰贴花	立合同人	
5. 财产租赁合同	包括租赁房屋、船舶、飞机、机动车辆、机械、器具、设备等合同	按租赁金额1‰贴花。税额不足1元的按1元贴花	立合同人	
6. 货物运输合同	包括民用航空、铁路运输、海上运输、内河运输、公路运输和联运合同	按运输费用的0.5‰贴花	立合同人	单据作为合同使用的,按合同贴花
7. 仓储保管合同	包括仓储、保管合同	按仓储保管费用的1‰贴花	立合同人	仓单或栈单作为合同使用的,按合同贴花
8. 借款合同	银行及其他金融组织和借款人(不包括银行同业拆借)所签订的借款合同	按借款金额的0.05‰贴花	立合同人	单据作为合同使用的,按合同贴花

(续表)

税 目	范 围	税 率	纳税人	说 明
9. 财产保险合同	包括财产、责任、保证、信用等保险合同	按投保金额的1‰贴花	立合同人	单据作为合同使用的,按合同贴花
10. 技术合同	包括技术开发、转让、咨询、服务等合同	按所载金额的0.3‰贴花	立合同人	
11. 产权转移书据	包括财产所有权和版权、商标专用权、专利权、专有技术使用权等转移书据	按所载金额的0.5‰贴花	立据人	
12. 营业账簿	生产、经营用账册	记载资金的账簿按"实收资本"、"资本公积"两个账户合计金额的0.5‰贴花。其他账簿按件贴花5元	立账簿人	
13. 权利、许可证照	包括政府部门发给的房屋产权证、工商营业执照、商标注册证、专利证、土地使用证	按件贴花5元	领受人	

4. 税收优惠政策

印花税的税收优惠政策主要有以下几个方面：

① 对已缴纳印花税凭证的副本或者抄本免税。凭证的正式签署本已按规定缴纳了印花税,其副本或者抄本对外不发生权利义务关系,只是留存备查的免税,但以副本或者抄本视同正本使用的,则应另贴印花。

② 对财产所有人将财产赠给政府、社会福利单位、学校所立的书据免税。

③ 对国家指定的收购部门与村民委员会、农民个人书立的农副产品收购合同免税。

④ 对无息、贴息贷款合同免税。无息、贴息贷款合同是指由国有银行按照国家金融政策发放的无息贷款,以及由国有银行发放并按有关规定由财政部门或中国人民银行给予贴息的贷款项目所签订的贷款合同。

⑤ 对外国政府或者国际金融组织向我国政府及国家金融机构提供优惠贷款所书立的合同免税。

⑥ 对房地产管理部门与个人签订的用于生活居住的租赁合同免税。

⑦ 对农牧业保险合同免税。

⑧ 对特殊货运凭证免税。这类凭证有以下几种：一是军事物资运输凭证。即附有军事运输命令或使用专用的军事物资运费结算凭证。二是抢险救灾物资运输凭证。即附有县级以上(含县级)人民政府抢险救灾物资运输证明文件的运费结算凭证。三是新建铁路

的工程临管线运输凭证。即为新建铁路运输施工所需物料,使用工程临管线专用的运费结算凭证。

二、印花税的计算

1. 计税依据

印花税的计税依据为各种应税凭证上所记载的计税金额,具体规定如下:

① 购销合同的计税依据为合同记载的购销金额。

② 加工承揽合同的计税依据是加工或承揽收入的金额。

对于由受托方提供原材料的加工、定做合同,凡在合同中分别记载加工费金额和原材料金额的,应分别按加工承揽合同、购销合同计税,两项税额相加数,即为合同应贴印花;若合同中未分别记载,则应就全部金额按加工承揽合同计税贴花。

对于由委托方提供主要材料或原料,委托方只提供辅助材料加工合同,无论加工费和辅助材料金额是否分别记载,均以辅助材料与加工费的合计数,依照加工承揽合同计税贴花。对委托方提供的主要材料或原料金额不计税贴花。

③ 建设工程勘察设计合同的计税依据为收取的费用。

④ 建筑安装工程承包合同的计税依据为承包金额。

⑤ 财产租赁合同的计税依据为租赁金额。经计算,税额不足1元的,按1元贴花。

⑥ 货物运输合同的计税依据为取得的运输费金额(即运输收入),不包括所运货物的金额、装卸费和保险费等。

⑦ 仓储保管合同的计税依据为收取的仓储保管费用。

⑧ 借款合同的计税依据为借款金额。

⑨ 财产保险合同的计税依据为支付(收取)的保险费,不包括所保财产的金额。

⑩ 技术合同的计税依据为合同所载的价款、报酬或使用费。为了鼓励技术研究开发,对技术开发合同,只就合同所载的报酬金额计税,研究开发经费不作为计税依据。单对合同约定按研究开发经费一定比例作为报酬的,应按一定比例的报酬金额贴花。

⑪ 产权转移书据的计税依据为所载金额。

⑫ 营业账簿税目中记载资金的账簿的计税依据为实收资本与资本公积两项的合计金额。其他账簿的计税依据为应税凭证件数。

⑬ 权利、许可证照的计税依据为应税凭证件数。

除以上一般规定外,计税依据的确定还应注意以下几种特殊情况:

① 上述凭证以金额、收入、费用作为计税依据的,应当全额计税,不得做任何扣除。

② 同一凭证载有两个或两个以上经济事项而适用不同税目税率,如分别记载金额的,应分别计算应纳税额,相加后按合计税额贴花;如未分别记载金额的,按税率高的计税贴花。

③ 按金额比例贴花的应税凭证未标明金额的,应按照凭证所载数量及国家牌价计算金额;没有国家牌价的,按市场价格计算金额,然后按规定税率计算应纳税额。

④ 应税凭证所载金额为外国货币的,应按照凭证书立当日国家外汇管理局公布的外汇牌价折合成人民币,然后计算应纳税额。

⑤ 应纳税额不足1角的,免纳印花税;1角以上的,其税额尾数不满5分的不计,满5分的按1角计算。

⑥ 有些合同,在签订时无法确定计税金额,如技术转让合同中的转让收入是按销售收入的一定比例收取或是按实现利润分成的;财产租赁合同,只是规定了月(天)租金标准而无租赁期限的。对这类合同,可在签订时先按定额5元贴花,以后结算时再按实际金额计税,补贴印花。

⑦ 应税合同在签订时纳税义务即已产生,应计算应纳税额并贴花。所以,不论合同是否兑现或是否按期兑现,均应贴花。对已履行并贴花的合同,所载金额与合同履行后实际结算金额不一致的,只要双方未修改合同金额,一般不再办理完税手续。

⑧ 对有经营收入的事业单位,凡是由国家财政拨付事业经费,实行差额预算管理的单位,其记载经营业务的账簿,按其他账簿定额贴花,不记载经营业务的账簿不贴花;凡属经费来源实行自收自支的单位,应对其记载资金的账簿和其他账簿分别计算应纳税额。

⑨ 商品购销活动中,采用以货换货方式进行商品交易签订的合同,是反映既购又销双重经济行为的合同。对此,应按合同所载的购、销合计金额计税贴花。合同未列明金额的,应按合同所载购、销数量依照国家牌价或者市场价格计算应纳税额。

⑩ 施工单位将自己承包的建设项目,分包或者转包给其他施工单位所签订的分包合同或者转包合同,应按新的分包合同或转包合同所载金额计算应纳税额。这是因为印花税是一种具有行为税性质的凭证税,尽管总承包合同已依法计税贴花,但新的分包或转包合同是一种新的凭证,又发生了新的纳税义务。

⑪ 财政部决定从2007年5月30日起,调整证券(股票)交易印花税税率,由1‰调整为3‰。即对买卖、继承、赠与所书立的A股、B股股权转让书据,由立据双方当事人分别按3‰的税率缴纳证券(股票)交易印花税。

⑫ 对于国内各种形式的货物联运,凡在起运地统一结算全程运费的,应以全程运费作为计税依据,由起运地运费结算的双方缴纳印花税;凡分程结算运费的,应以分程的运费作为计税依据,分别由办理运费结算的各方缴纳印花税。

对于国际货运,凡由我国运输企业运输的,不论在我国境内、境外起运或中转分程运输,我国运输企业所持的一份运费结算凭证,均应按本程运费计算应纳税额;托运方所持的一份运费结算凭证,应按全程运费计算应纳税额。由外国运输企业运输进出口货物的,外国运输企业所持的一份运费结算凭证免纳印花税;托运方所持的一份运费结算凭证应缴纳印花税。国际货运运费结算凭证在国外办理的,应在凭证转回我国境内时按规定缴纳印花税。

2. 应纳税额的计算

印花税的应纳税额应根据应纳税凭证的性质,分别按比例税率或者定额税率计算。其应纳税额的计算公式如下:

应纳税额＝应税凭证计税金额(或应税凭证件数)×适用税率

【例8-24】 某企业开业当年发生以下有关业务事项:领受房屋产权证、工商营业执照、土地使用证各1件;订立产品购销合同10份,所载金额为1800万元;订立借款合同1份,所载金额为200万元;企业记载资金的账簿本,其中实收资本与资本公积合计金额为1200万元;其他营业账簿15本。计算该企业当年应纳印花税税额。

解:企业领受权利、许可证照应纳印花税税额＝3×5＝15(元)

企业订立购销合同应纳印花税税额＝18 000 000×0.3‰＝5 400(元)

企业订立借款合同应纳印花税税额＝2 000 000×0.05‰＝100(元)

企业记载资金的账簿应纳印花税税额＝12 000 000×0.5‰＝6 000(元)

企业其他营业账簿应纳印花税税额＝15×5＝75(元)

企业应纳印花税总额＝15＋5 400＋100＋6 000＋75＝11 590(元)

三、印花税的核算

企业在核算印花税时,不通过"应交税费"科目,而是在企业购买印花税票或者以缴款书汇总缴纳印花税时,直接借记"管理费用"科目;贷记"库存现金"或"银行存款"科目。

【例8-25】 某企业12月份签订产品购销合同1份,金额为530 000元。计算该企业应纳印花税税额,并做出相关会计处理。

解:应纳印花税税额＝530 000×0.3‰＝159(元)

做会计分录如下:

借:管理费用　　　　　　　　　　　　　　159

　　贷:银行存款　　　　　　　　　　　　　　159

四、印花税的申报与缴纳

1. 纳税方法

印花税实行由纳税人根据规定自行计算应纳税额,购买并一次贴足印花税票的缴纳方法。根据税额大小、贴花次数以及税收管理的需要,分别采用以下三种具体纳税办法:

(1) 自行贴花办法

这种办法一般适用于应税凭证较少或者贴花次数较少的纳税人。纳税人应当根据应纳税凭证的性质和适用的税目、税率,自行计算应纳税额,自行购买印花税票,自行一次贴足印花税票并加以注销或画销。

(2) 汇贴或汇缴办法

这种办法一般适用于应纳税额较大或贴花次数频繁的纳税人。一份凭证应纳税额超过500元的,应向当地税务机关申请填写缴款书或者纳税凭证,将其中一联粘贴在凭证上或者由税务机关在凭证上加注完税标记代替贴花。对于同一种类应纳税凭证需要频繁贴花的,应向有税务机关申请按期汇总缴纳印花税。获准汇总缴纳印花税的纳税人,应持有税务机关发给的汇缴许可证。汇总缴纳的限期由当地税务机关确定,但最长期限不得超过1个月。

(3) 委托代征办法

这一办法主要是通过税务机关的委托，经由发放或者办理应纳税凭证的单位代为征收印花税税款。税务机关应与代征单位签订代征委托书。所谓发放办理应纳税凭证的单位，是指发放权利、许可证照的单位和办理凭证的签证、公证及其他有关事项的单位。发放或者办理应纳税凭证的单位，负有监督纳税人依法纳税的义务。

2. 纳税环节

印花税应当在书立或领受时贴花，具体是指在合同签订时、账簿启用时和证照领受时贴花。如果合同是在国外签订，并且不便在国外贴花的，应在将合同带入境时办理贴花纳税手续。

3. 纳税地点

印花税一般实行就地纳税。对于全国性商品物资订货会（包括展销会、交易会等）上所签订合同应纳的印花税，由纳税人回其所在地后及时办理贴花完税手续；对于在由地方主办、不涉及省际关系的订货会、展销会上所签合同的印花税，其纳税地点由各省、自治区、直辖市人民政府自行确定。

4. 申报与缴纳

印花税纳税人应按照条例的有关规定及时办理纳税申报，并如实填写《印花税纳税申报表》。

【项目小结】

本项目分别详细介绍了城市维护建设税及教育费附加、土地增值税、资源税、城镇土地使用税、房产税、车船税、契税、车辆购置税、印花税的基本知识、应纳税额的计算、纳税申报以及会计处理。

【能力训练】

一、单项选择题

1. 位于某市的具有进出口经营权的甲生产企业某月内销货物，增值税销项税额为30万元，消费税40万元；通过计算得知当月出口货物应退税额10万元，免抵税额为30万元；当月进口货物向海关缴纳增值税20万元、消费税25万元。该企业当月应缴纳城市维护建设税（　　）万元。

  A. 4.90　　　　　B. 4.20　　　　　C. 2.80　　　　　D. 2

2. 流动经营的单位在经营地缴纳"三税"的，则其教育费附加应在（　　）缴纳。

  A. 经营地按当地适用税率计算

B. 机构所在地按当地适用税率计算
C. 经营地但按机构所在地的适用税率计算
D. 机构所在地但按经营地的适用税率计算

3. 按照资源税有关规定,独立矿山收购未税矿产品适用(　　)。
   A. 矿产品原产地的税额标准　　　　B. 本单位应税产品的税额标准
   C. 矿产品购买地的税额标准　　　　D. 税务机关核定的税额标准

4. 某县城房地产开发公司建造一幢普通标准住宅出售,签订商品房买卖合同,取得销售收入10 000万元,分别按国家规定缴纳了营业税、城建税及教育费附加。该公司为建造此住宅支付地价款和有关费用1 000万元,开发成本2 000万元,房地产开发费用550万元,其中利息支出200万元,但由于该公司同时建造别墅,贷款利息无法分摊,该地规定房地产开发费用的计提比例为10%。转让此住宅应缴土地增值税税额为(　　)万元。
   A. 2 107.5　　　　B. 2 017　　　　C. 2 114　　　　D. 2 400.56

5. 下列关于房产税计税依据的说法中,不正确的是(　　)。
   A. 房产原值是指纳税人在账簿的"固定资产"和"在建工程"科目中记载的房屋原价
   B. 纳税人对原有房屋进行改建、扩建的,要相应增加房屋的原值
   C. 对于融资租赁房屋的情况,在计征房产税时应以房产余值计算征收
   D. 对居民住宅区内业主共有的经营性房产自营的,以房产余值计算征收房产税

6. 下列对于车船税的说法中,正确的是(　　)。
   A. 只对国内企业、单位和个人征收
   B. 就使用的车辆征税,不使用的车辆不征税
   C. 如果拥有车辆、船舶的所有人或管理人未缴纳车船税应由使用人缴纳
   D. 外商投资企业租用外籍船舶应在我国缴纳车船税

二、多项选择题

1. 以下关于城市维护建设税税收优惠政策规定的说法中,正确的是(　　)。
   A. 海关对进口产品代征的增值税、消费税,不征收城建税
   B. 为支持三峡工程建设,三峡工程建设基金在2007年是可以享受免征城市维护建设税的
   C. 对软件开发企业即征即退的增值税,可以在增值税退还时,同时退还随增值税附征的城市维护建设税
   D. 城市维护建设税原则上是不单独减免的,但因城建税具有附加税性质,所以当主税发生减免时,城建税相应地发生税收的减免

2. 下列说法中,符合教育费附加规定的是(　　)。
   A. 纳税人缴纳"三税"的地点,就是该纳税人缴纳教育费附加的地点
   B. 只要缴纳增值税、消费税、营业税的企业都应缴纳教育费附加
   C. 海关对进口产品代征的增值税、消费税,不征收教育费附加

D. 纳税人因延迟缴纳而补缴"三税"的,不需要补缴教育费附加

3. 下列各项中,属于资源税纳税人的有( )。
   A. 销售原煤的批发商   B. 进口铁矿石的私营企业
   C. 开采石灰石的个体经营者   D. 开采天然原油的外商投资企业

4. 下列各项中,符合土地增值税征收管理有关规定的有( )。
   A. 纳税人建造普通标准住宅出售,增值额未超过扣除项目金额20%的,减半征收土地增值税
   B. 居民个人转让普通标准住宅,一律免征土地增值税
   C. 纳税人建造普通标准住宅出售,增值额超过扣除项目金额20%的,应对其超过部分的增值额按规定征收土地增值税
   D. 纳税人建造普通标准住宅出售,增值额超过扣除项目金额20%的,应就其全部增值额按规定征收土地增值税

5. 下列各项中,应当缴纳城镇土地使用税的有( )。
   A. 用于渔场的办公楼及职工宿舍用地
   B. 北京香山公园内专设游客餐厅用地
   C. 公园中管理单位的办公用地
   D. 学校食堂对外营业的餐馆用地

6. 京华公司与张某签订了为期一年(2008年1月1日至12月31日)的租赁合同,将企业的一辆货车租赁给张某使用,但合同对2008年的车船税由谁缴纳未予以明确。车船税有可能出现的纳税情况有( )。
   A. 由京华公司纳税   B. 由张某纳税
   C. 都不纳税   D. 各缴纳一半

三、业务题

1. 市区某企业某年实际缴纳增值税100万元、消费税150万元。计算该企业当年应纳城市维护建设税税额,并做出相关会计处理。

2. 某房地产开发企业某年从当地政府取得土地一块,支付价款3 000万元,企业将这块地用于房地产开发项目,取得销售收入8 400万元。该房地产项目开发成本950万元,相关税金50万元,开发费用350万元,另支付贷款利息120万元(能按转让房地产项目计算分摊利息支出,并能提供金融机构贷款证明)。计算该企业应纳土地增值税税额,并做出相关会计处理。

3. 某油田10月初库存原油30 000吨,本月生产原油40 000吨,本期发出50 000吨,其中对外销售40 000吨,取得销售额12 000万元。已知该油田适用的税率为8%。计算该油田应纳资源税税额,并做出相关会计处理。

参考书目

[1] 吴玉林,代蕾.企业纳税实务.南京:南京大学出版社,2009.
[2] 中国注册会计师协会.税法.北京:中国财政经济出版社,2013.
[3] 全国注册税务师执业资格考试教材.税法Ⅰ.北京:中国税务出版社,2013.
[4] 全国注册税务师执业资格考试教材.税法Ⅱ.北京:中国税务出版社,2013.
[5] 吴晓薇,孙万良.税法.北京:冶金工业出版社,2008.
[6] 王磊.新编税收实务(理论部分).山东:大连理工大学出版社,2010.
[7] 王磊.新编税收实务(实训部分).山东:大连理工大学出版社,2010.